「日の丸・君が代」処分

「日の丸・君が代」処分編集委員会

東京の学校で
何が起こっているか

高文研

※——まえがき

東京の教育現場で、恐ろしい事態が進行しています。思想・良心の自由を圧殺して、ものを言わぬ教師をつくる動きが、うむをいわさぬ勢いですすんでいるのです。

直接の動きは、二〇〇三年一〇月二三日に出された東京都教育委員会の「通達」から始まりました。学校が行う記念式典や卒業式、入学式では、壇上正面に「日の丸」を掲げて全員がそれに正対し、起立して「君が代」を斉唱せよというものです。

いま小・中学の児童・生徒全員に配付されている『心のノート』は、子どもたちの心を巧みに誘導し、最後は「愛国心」の喚起・高揚へいざなうというものです。

一方、都教委のやり方は、一人ひとりへの「職務命令」と「処分」を振りかざして教職員を「日の丸」「君が代」の前に拝跪《はいき》させ、「国家への忠誠」を強要するのです。

憲法を破壊し、教育基本法を蹂躙《じゅうりん》するこうしたやり方が、この国の首都において堂々と強行されていることは、まさに驚天動地の出来事といわなくてはなりません。

しかし残念ながら、今回の事態はマスメディアでは十分に伝えられてきませんでした。

そこで本書は、東京の学校で何が起こっているのかを伝えるために、思想と良心を踏みにじられた苦悩の証言を中心に編んだものです。

一人でも多くの方が、これら〝魂の声〟に耳を傾けてくださることを願っています。

装丁＝商業デザインセンター・松田礼一

◇目次

Ⅱ「日の丸・君が代」強制・その経過

Ⅲ 養護学校の衝撃と苦悩

Ⅳ　動き出した保護者・教師たち

V 苦悩する教師たち――〈2〉

VI　何が問われているのか

I

苦悩する教師たち——その〈1〉

ピアノ伴奏を強制される音楽教員の苦しみ

◉東京都立高校教員　池田　幹子

✣「通達」の真の狙いは生徒への〝強制〟

私が都立高校の音楽の教員として、まず語らなければならないことは「君が代」強制による音楽教員の体と心の苦しみです。

しかしこの苦しみは、「日の丸・君が代」が生徒に強制される、という問題と切り離すことができません。東京都教育委員会（以下、都教委）が教員への大量処分だけではなく、「生徒の不起立の結果、教員を処分する」という新たな処分を出すにいたった現在の状況の中で、学校で「日の丸・君が代」を強制することの危うさが飛躍的に高まっている、と感じます。

「君が代」に対する私自身の信条は、「学校という生徒が逆らいがたい場で『君が代』を強制する」という問題と切り離せません。

「10・23都教委通達」(65〜64ページ参照)と「実施指針」(同上)の狙いは明らかに生徒たちに向けられています。しかも今回、都教委は、生徒への強制の手段として「教員に対する処分の脅し」を使い始めたのです。

「君が代」斉唱時に不起立の生徒が多ければ「学校の教育を調べ、教員の責任を問う」と言い、調査委員会が設置されて教職員・校長・教頭が取り調べられ、一三校六七人が「厳重注意」「注意」「指導」などという処分を受けました。都教委は「厳重注意」は処分ではない、と言っているようですが、とんでもありません。教員一人に対して、二人の都教委職員が詰問する調査であり、I高校では警察による事情聴取まで行われています。記録に残り、業績評価上もマイナス、昇給上もマイナスとなるのも目に見えています。

音楽教員に「君が代」伴奏を強要するのも、結局「CDの伴奏より生徒が歌うだろう」と、日頃の音楽活動を通しての関係性を利用して生徒に歌わせるためであり、音楽教員はこの先、「君が代」伴奏しただけでは許されず、生徒が大きな声で「君が代」を歌わなければ「指導力不十分」と調べられ、処分されることになってゆくに違いありません。このままでは結局、生徒たちをこの圧力の前にさしだす結果になります。命令に黙って従うだけでは、若い人たちに顔向けできません。

✣音楽教員たちはなぜ苦しむのか

友人の小学校の音楽教員がこの三月、胃から出血して緊急入院し、いまも病休中です。救急車で入院した病院で、胃の中の血柱の写真を見せられ、「映画などで刀でクビを切られて血がびゅーっと噴き出す、そのように動脈から血が噴き出ている」と医者に言われたそうです。友人はキリスト者であり、「君が代」伴奏という絶対にできないことを強制され、文字通り「血を吐く思い」の苦しみの中で、殺されかけていると感じます。

ほかにもこの三月から四月、「君が代」強制のために苦しんで病気になった音楽教員を何人も知っています。私自身も「君が代」が耳の中に響いて消えない、夜もよく寝られないことが多く、体調の悪い日が続きました。二〇代前半の若さで早期退職した音楽教員が、「この異常な状況の中で教員を続けてゆく自信がない」と語るのを聞き、言葉を失います。

自分の体を使って「君が代」を弾かされることに、心が苦しんでいます。ピアノ伴奏は「外部的行為」だという無理な理屈をつけて、伴奏の強制が内心の自由の侵害にならない、という東京地裁の判決が、昨年一二月に出されました。都教委はこの理屈を最大限利用しています。しかし「嘘かまことか」という規準で考えるなら、この理屈は「嘘」です。音楽は、手からだけではなく、心の深いところから発するものです。そして人間の心の深いところに直接入ってくるものです。

私の仕事は音楽の教員であり、人間が育つ場にいます。自分が人間であることを奪われて、人間の育ちの場の仕事がまっとうできるとは思えません。

✣亡くなった人たちの存在

私の心が「君が代」を受け入れられない原因のひとつは、「君が代」の音楽的拙劣さに対する違和感ですが、もうひとつの大きな原因に、戦争の悲惨に対する思いがあります。

私の祖父は戦争中に中国東北部で手広く「貿易商」を営んでいたそうですが、敗戦時に民間人ながら捕まり、高梁《コーリャン》畑を馬で引かれて処刑されたそうです。死後一〇年以上たって、そのことを祖父の出身県の新聞に書いた人がいて、祖母に伝わりました。小学生だった私もその記事を読みました。家族の衝撃の様子を忘れられませんが、同時に、現地の人たちにそれほどに憎まれていたということを、次第に考えるようになりました。

小学校卒で旧満州での「商売」で大もうけし、軍隊に多額の寄付もして表彰状をたくさん飾っていたという祖父の姿は、当時の贅沢な生活を懐かしがる家族たちとともに、まさに大日本帝国の侵略を支えた帝国臣民の姿だったのだろうと思います。この祖父の息子の一人は、長崎の医大で原爆直撃を受けて亡くなりました。軍医であった別の伯父は、捕虜の生体解剖に関与していたと思われます。

これらのことは、できるなら目をそむけていたいことではありますが、日本の政治も市民も死者たちの存在に向き合わず、加害責任にふたをして、植民地から利益を吸い上げる甘みを社会構造の中にも、心の中にもひきずったまま戦後を過ごしてきました。「日の丸・君が代」の復権と強制は、その象徴であると思います。加害者であることの無頓着と悲惨というものを考えても、「日の丸」に敬礼し、「君が代」を歌うことはできないと感じます。

✣遠方への異動を発令されて

最後に、私は三月まで一学年担任でしたが、四月から遠方の学校へ異動させられました。本人に異動希望がなく、異動年限にも達しないのに、担任途中での異動は異例です。「人事考課制度の自己申告書が不提出だから」と校長が言いましたが、「君が代」伴奏拒否の影響も感じています。他にも、異動具申前に「君が代伴奏を引き受けるのか」返事をするよう校長に言われたり、「本校に残るからには、君が代伴奏するのだな」と念を押された人たちがいます。

このような有形無形の圧迫が、個人の問題であるだけでなく、日本の公教育における大きな危機であること、権力による人権侵害がなだれを打つように多発し始めた状況に、無関心でいる人たちが動き出せば、今ならばまだこの危機は止めることができることを考え、あえて証言し、「予防訴訟」の裁判にも訴えました。どうぞ力を貸してください。

もう一度生徒の待つ教室に帰りたい！

◉元都立高校嘱託教員　前川　鎮男

✣37年間勤務で初めてもらう「職務命令書」

二〇〇四年三月三日、校長は職員会議で「今年の卒業式は職務命令が出ているので『新実施指針』通りにやります」「個別職務命令は追って出します」と発言した。そのとき出された実施要項には、式場内での教職員一人ひとりの席が指定されていたが、私ともう一人の嘱託員の席はなかったので、二人で管理職に席を作ってくれるよう申し入れた。「席を作れば、職務命令を出さなくてはいけないので、生徒席の後ろに座ってはどうか」と言われたが、教職員席にお願いした。

三月九日午後、全職員が招集されて個別職務命令書が一人ひとりに手渡された。三七年

１５[redacted]高第[redacted]号
平成１６年　３月　８日

[redacted]　[redacted]　殿

東京都立[redacted]高等学校長
[redacted]

職　務　命　令　書

平成１６年３月１３日に実施する東京都立[redacted]高等学校全日制課程卒業式において、平成１５年１０月２３日付１５教指企第５６９号「入学式、卒業式等における国旗掲揚及び国歌斉唱の実施について（通達）」及び地方公務員法第３２条（法令及び上司の職務上の命令に従う義務）に基づき、下記の通り命令します。

記

１　式当日及び前日までの準備において、別紙平成１６年３月５日付「平成１５年度卒業式実施要項」による係分担等に従い、職務を適正に遂行すること。
２　式当日は、定められた時間までに式場内の指定された席に着席すること。
３　式の実施に際して妨害行為・発言をしないこと。
４　式次第「２　国歌斉唱」に際しては、式場内の指定された席で国旗に向かって起立し国歌を斉唱すること。
５　服装は、卒業式にふさわしいものとすること。

間働いて初めてもらう職務命令にいささか緊張したが、①準備において職務を適正に遂行、②当日、定められた時間（9時55分）に指定された席に着く、③妨害行為・発言をしない、④「国歌斉唱」で、指定された席で国旗に向かって起立し斉唱、⑤服装は卒業式にふさわしいもの、という事細かな中身にあきれた。

この間、職場会では「ピアノを弾けない」という音楽教師を抱えた卒業学年の先生、『命令に従って歌え』と言われては歌えない」という若い先生、「内心の自由を奪ってまでやるのは許せない」という年配教師、「管理職に『この先のことを考えて従ったほうがいい』と言われてどうしようか悩んでいる」というベテラン教師……それぞれが悩みや苦しみを訴えた。発言しない先生もみな身を切られるような思いで卒業式までの一日一日を過ごした。

私は、「職務命令を出してまで強要するやり方は断じて許せないし、日々先生方の奮闘ぶりと苦しみをそばで見てきた者として、皆さんのお力になれるとするなら不起立を貫きたい」と言って、誰か一人でも処分覚悟で不起立する先生がいるなら、クビ覚悟で不起立する決意を示した。自分のこれまでのありようからして至極当然であるし、これを貫けずして生徒の前に立てないという思いと、これからあの明るくてやさしい生徒たちとの毎日が無くなってしまうのはつらいという思いが交錯し、「みんな立ってくれ！　私は休暇を取る」などと勝手なことを思ったりもした。しかし、式前日に六人の先生が不起立で通すと知って、気持ちを固めた。

✣ポストに投げ込まれた解雇通知

三月一三日卒業式の日。外は例年になく早い桜が咲き、暖かな日ざしがあったが、式場内は冷たい空気が漂っていた。

来賓、卒業生が入場し、「開式の辞」の後、『国歌斉唱』、ご起立ください」の司会者の発声に多くが起立した。生徒たちもみんな立った。ただ、私を含め八人の先生は不起立を通した。後ろにいた教頭が「お立ちください」と小さな声で言った。「ついにこんな日が来てしまった……」と、楽しかった昔の教師生活と、今のそれとの違いを感じて悲しくさえあった。四〇数秒後、何事もなかったかのようにそれが終わって式は進み、卒業証書授与に続いて後輩生徒の心のこもった送辞、三年間を喜び、感謝にあふれた卒業生からの答辞、式歌「さくら」の力いっぱいの斉唱など、感動的に式が終わった。

その日の午後、校長室に呼ばれ、「あなたは卒業式の『国歌斉唱』の時に立ちませんでしたね」と聞かれたので、「その通りです」と答え、確認された。その後、校長は八名の不起立者についての「卒業式の事故報告」を教育委員会に届けた。

三月二四日、事前に校長から、同伴で都教委に行って事情聴取に応じるように言われていたので、弁護士を伴って行った。都教委の役人は、「弁護士の同席は認められない。一人で応じないなら拒否したとみなします」とオウムのように繰り返すのみ。「不利益が考えられる事情聴取に弁護士を認めない理由は何か」「ぜひ、私の弁明を聞いてもらいたい。だからやって来た」と言う私の声は届かなかった。二〇分ほどのやり取りの後、役人たちは部屋に入ってしまった。校長には「先生のためだけじゃない。学校のため、生徒のため、ぜひ一人で応じてください」と懇願されたが、拒否した。

三月三〇日午前、校長は自宅に電話したようだが不在だったため、午後、都の役人二人を引率して自宅に来て一片の通知をポストに入れ、その様子を写真に収めて帰ったという。たまたま自宅に来た娘からそのことを知らされ、中を開いて読んでもらったのが、「再雇用職員（教育職員）採用選考の合格取消について」（通知）で、実質は四月からの解雇通知であった（次ページ参照）。

一月二三日に「一年間の勤務成績が良好」と認められて二年目の採用が決まり、二月二四日に勤務校は同じ学校であることを知らされた。だから、理科の教科会で持ちクラスが確定し、教務は時間割作業に入っていた。私自身もどんな生徒たちと出会えるのか期待し、授業準備をしていた。しかし、この通知によってすべてが奪われた。

１５[redacted]選第[redacted]号
平成１６年３月３０日

東京都立[redacted]高等学校
嘱託員　前川　鎮男　殿

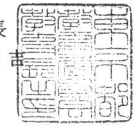

東京都教育委員会教育長
横山　洋吉

平成１５年度東京都公立学校再雇用職員（教育職員）
採用選考の合格取消しについて（通知）

今年度の再雇用選考につきましては、平成１６年１月２３日付けで合格の通知をしたところです。

このたび、平成１６年３月１９日付けで、所属校長からあなたに関する服務事故について、報告がありました。

事故報告に基づき、勤務成績について再度判定を行ったところ、雇用期間内の勤務成績が良好とは認められず、東京都公立学校再雇用職員設置要綱第６第２項（１）の要件を欠くこととなるため、あなたの合格決定を取り消すこととしたので通知します。

「こんなことがあっていいのか！」

覚悟をしていたといっても、こんなにも突然に、こんなやり方で「もう生徒の前に立てなくなったんだ」と思うと体がわなわなと震え、それが次第に激しい怒りに変わっていった。

新年度になって始業式の日、「来年もいるよ」と言った約束違反を謝罪し、解雇に至る経緯を話すために生徒たちの前に立ったが、その際、生徒一人ひとりがメッセージを書いてくれた。

《今日、先生が辞めちゃうと聞いてビックリしました。そしてすんごく悲しいです。もっともっと先生の授業受けたかったし、先生としゃべりたかったです。先生に逢えて本当によかったあ。いろぉんなコト教えてもらったし。これでお別れでないね。また逢おうね。その日を楽しみに待ってます。本当に今までありがとうございました。

——From　〇〇子》

《冬の天体観測ほんとに楽しかったです。あの空と、とん汁の味は一生忘れません。それと先生が歌ってくれた『六甲おろし』すごいよかったです。私は先生が大好きでした。先生のこと忘れません。これからも元気でいてください。

——△△子より》

突然の解雇に私自身がポッカリ空いた心の空白をどうしようもなかったが、生徒たちが受けたショックも計り知れないものだったと思う。

✣私の生い立ち　――都立高教師としての37年

私は一九四九（昭和24年）年、三重県の村立小学校に入学し、地元の中学・高校に通った。小・中学校時代は貧しく、厳しい日々だったが、新しい憲法と教育基本法に基づいて平和と民主主義を説く若い先生たちにより、自由で希望にあふれた教育を受けた。

高校時代は勤評闘争や学テ闘争で先生の顔色が変わっていくのを遠くから感じていた。工業高校を卒業して会社に入ったが、資本主義社会のシステムの中に組み込まれ、次第にロボットのようにされていく自分から抜け出すために夜間大学に通った。三年間働いた会社を辞めて教職免許を取り、一九六七年（昭和42年）都立高校の教師になった。

教師生活は、都立八丈高校坂上分校という、八丈島の、生徒一〇〇人余、教師八人の小さな定時制からスタートした。その高校は中学校の校舎を間借りした夜間の学校で、新米教師は年の変わらぬ生徒たちと無我夢中で日々を過ごした。それは現代版『二十四の瞳』とも言えるような、生徒と教師がひとつになった、素朴でのびのびとした、楽しいものだった。

以来三六年間、六つの全日制・定時制、普通科・工業科の都立高校に勤務し、二〇〇三年三月に定年退職、その四月から嘱託員として教壇に立ち、今年二年目を迎えるはずだった。

✣あえて「不起立」を通した二つの理由

なぜ私は立たなかったか、その理由は二つある。一つは、「教育に強制は許されない」ということである。三七年間の長きを、私は「生涯一教師」として過ごしたが、「教師は私の天分」と思えるくらい楽しい、充実した生活だった。それは、巡り会った生徒たちや同僚教師らのお陰であるが、これまであった都立高校ののびのびとした校風と職員会議で自由・闊達に議論し、一致して行動してきた民主的な職場があったためだと思う。

しかし、ここ数年はその都立高校に管理と強制が強まり、生徒も教師も窒息寸前である。職務命令を出してまで「国歌斉唱」を強制するのはその総仕上げである。ここで黙っていれば、もはや学校は完全に自由を失い、上意下達がはびこった真っ暗な職場になってしまう。都立高校の良き伝統である、自由と自主が尊重され、一人ひとりの生徒を大切にする教育を守り抜くために、今の私にできるのは「不起立」しかなかった。

そして二つ目、先にも述べたことだが、この間、多くの先生が悩み、苦しんだ。卒業学年の先生は「式を混乱させられない」として、音楽の先生は「強制でピアノは弾けない」

として、また別の先生は「生活がかかっている」として……。幾多の先輩に育てられた自分がこうした先生たちのためにできることは勇気を出して着席することだった。これが、もう一つの理由である。

処分が明らかになった直後に、ある先生は、「前川先生はわれわれの代表で『不起立』し、代表で処分を受けた。これから先、私にできることがあったら言ってください」とエールを送ってくれた。最後まで悩み、行動したくてもできなかった先生が多くいる。

生徒と私を引き裂き、都立高校を破壊しようとする、このような暴挙は断じて許せない。今後は、胸にある悔しさと悲しさを闘うエネルギーに代えて、このような不当な解雇を撤回し、もう一度生徒の待つ教室に帰れるよう闘う決意である。

〔注〕二〇〇四年六月一七日、同じように解雇された九人（うち一名は時間講師）が、都を相手として、解雇無効を求める訴訟を東京地裁に起こした。

危惧されるこの国の行方、周年行事で処分を受けて

◉東京都立高校教員　立川　秀円

私は「10・23通達」の最初の〝実験台〟である周年行事で着席をして、戒告処分を受けました。まず、歴史の事実として何が起こったかを報告します。

✣周年行事で起こったこと

二〇〇三年〇月〇日、東京都立Q高等学校創立〇周年記念式典が都内のホールを借りて午前一〇時に始まった。

司会者「国歌斉唱。前奏に引き続き、ご唱和ください」

立川……着席する。

教頭「立川先生、起立してください」かなり大きな声で叫ぶ。

一〇時三〇分頃、式典終了。

教頭「こちらへ来てください」と立川を促す。

一緒に舞台の左下の入り口から奥へ入る。舞台裏の小部屋の前で校長が来るのを待つ。

数分して校長、指導主事もそばに来る。

校長「座ったということですね。事実確認だけします」

立川「指導主事の方は関係ありません。校長と……」

校長「いいですよ」

校長、指導主事を部屋の外にはずさせる。小部屋の中で校長、教頭と立川、同席を依頼した分会長の四人で、立ったまま確認が行われた。

校長「座ったということですね」

立川「はい、そうです」と軽くうなずく。

記念式典には教育委員会から八名の職員が派遣されてきており、二名は壇上に来賓として、残り六名の指導主事は教職員席の後ろに監視できるように席が決められていた。しかし、実際には三名の指導主事はその席におらず、二名は二階の生徒席のところに、もう一名は会場の外にいたことが確認されている。

❖事情聴取・戒告処分

一月〇日、渋谷区にある人事部の分室で、校長同伴で事情聴取が行われた。校長に文書がほしいといったら、校長名による「服務事故に関する事情聴取」と書いた出張命令が出された。私は同僚とともに行ったが、校長は建物の前で待っていて、同僚が一緒に中に入るのはとんでもない、と制止された。やむなく同僚は建物の外で待つことになった。

私は録音テープを持参して、録音をとること、それがだめならメモをとること、また外に出て相談することについて数分間やり取りを行った。しかし、一切認められないので部屋を出ようとしたが、「あなた自身で判断してください」と強い言葉で言われ、やむなく事情聴取に応じることにした。管理主事の言い分はあらまし以下である。

――服務事項は守秘義務があります。表に出てしまったらプライバシーが守られません。皆さんのいろんな人権を侵害することになります。

以下は、直後のメモにもとづく要点である。

管理主事「職務命令書の中で、起立して国歌を斉唱することは理解されてましたね」
立川「はい」

管理主事「自分の意思で立たなかった、座ったということですね」
立川「はい」
管理主事「あなたの行為は、職務命令違反に該当します。このことについて何らかの処分または措置が決められます。このことについて何かありますか」
立川「思いはありますが、ここでは話しません」
管理主事「処分にしたがっていただけるのですか」
立川「処分が決定されたら、従わざるを得ませんが、不服がある場合はまた、考えます」
管理主事「地方公務員法32条に上司の命令に従わなければならないとありますが、知っていますか。老婆心ながら言いますが、地方公務員として上司の命令に従わないと重い処分になりますよ」
立川「弁明はありません」
事情聴取の記録文書を確認する。私は押印を拒否した。
管理主事「本人が拒否したと記録します」
校長が立会人として、署名、押印する。
管理主事「一回だけなら服務事故ですが、職務命令違反を何回も行うと、分限ということに変わってきます。公務員としての資質能力を欠くという問題になってきます」

二月一七日、戒告処分の文書を受け取る。

周年行事に関わってこの日、都立学校の一〇名の教職員が戒告処分を受けた。校長とともに都庁二七階の人事部に出頭して処分書を受け取ることになった。人事部の入口のところには抗議の人たちが来ていて、腕章をした警備の職員が中に入れないようにガードしていた。私の順番は終わりの方らしく、しばらく待ってから校長とは離れて、ついたてをした中で申し渡しが行われた。三人の幹部職員の前で「起立！」と号令がかかり、別の職員が戒告処分の発令通知書と処分説明書を読み上げる。幹部職員も緊張感が顔に現われていた。文書を受け取り、受領の押印をして終了した。翌日のマスコミはこのことを報道した。

✣忘れられない生徒たちの涙と感動のドラマ

一〇数校の周年行事で起こった出来事は、三月の卒業式ですべての都立高校を巻き込んで再現されたのです。こんなことを許していては、未来を担う生徒たちに責任を負うことはできません。

私は岐阜の進学校を卒業して東京の大学に学び、一九七〇年から都立高校の社会科の教員となりました。大学時代は実体験にとぼしく、現場の教員になってから生徒たちとふれあうなかで教師として成長し、社会の物事についても深くとらえることができるようになりました。そういう中で、自分が過ごした岐阜での高校時代（進学第一主義の学校で落ちこぼれ、とくに何をやることもなく暗い日々を過ごした）と比べて、都立高校の教育の素晴らしさを知ってきました。

現在、五校目の学校に勤めていますが、日本国憲法と教育基本法に基づく民主主義的な教育理念は自分が勤めた学校を含む多くの都立高校で生きていると思います。教育基本法第一条は、「人格の完成をめざす」「平和的な国家及び社会の形成者として」「真理と正義を愛する」「自主的精神に充ちた」等々の教育目的を示しています。

私が一二年間在職したH高校での文化祭は、生徒たちがホームルーム単位で数カ月かかって自主的に作品を創造していきます。そのなかで友達と労苦を分かち合い、粘り強く演劇などの完成をめざしていく過程は涙と感動のドラマでした。まさに人格形成にとって貴重な行事でした。かれらが作り出した「出邂《あ》いの夏」（オリジナル＝原爆がテーマの8ミリ映画の大作）「南北の塔」「アニー」「今を生きる」「サラフィナ」「ラヂオの時間」（以上、演劇）などの素晴らしい作品は忘れることはできません。

六年間在職したS高校での体育祭も全校生が応援団、マスゲーム、マスコットに分かれて二週間、体力・気力を尽くしてがんばり、当日は青春の完全燃焼を見せてくれました。

二〇〇〇年三月の卒業式は卒業対策委員会の多数の意思に反してテープによる「国歌演奏」

が入ってしまいましたが、みんなで「星になれたら」と「贈る言葉」を歌い、退場のときには「TSUNAMI」が流れ、楽しく盛り上がりました。

これらは、高校生の自主的・創造的な活動と、それを励ます教師たちによってつくられてきたものです。「10・23通達」は、卒業式という学校行事・教育内容に対する権力的な介入であり、都立高校の自主・自由の校風が今後どうなっていくか、本当に危惧されます。

✣社会の真実を探求する教育は守られるのか

「10・23通達」をそのまま粛々と実行することは、学習指導要領でも示されている「広い視野に立って、現代の社会について主体的に考察させ」（公民の目標）ることを否定する画一的な教育、学校でやってはならないこととされた「特定の価値観の押し付け」になることは明らかです。不起立の生徒が多い学校への調査と「不適切な指導」を行った教員に対する「厳重注意」等は、まさにそのことを露呈しました。

私は主に公民科の授業をやってきました。私が大切にしてきたことは、まず歴史と現在の基本的な事実を知ることです。第二次世界大戦における大日本帝国のアジア諸国への侵略と加害の事実、東京大空襲や沖縄戦、広島・長崎などでの被害の実態、民主主義国家をめざしての戦後日本の出発、等々です。そして、社会にはさまざまな対立する意見・見解があり、それらを知って考えを深めることを重視しました。「現代社会新聞」づくり、班ごとの討論会、ディベート、自由テーマの二分間スピーチなどです。

また、基礎的な学力をつけるために読書感想文に取り組ませたり、夏休みの新聞を読ませる課題などにも取り組ませました。生徒たちは私が一方的に講義することだけでは身につかない力をつけてくれたと思います。また事前学習をできるだけやって広島・長崎・沖縄修学旅行に行くことも大きな教育的意味をもったと思います。こうした中で生徒たちは、自分とは違った考え方があることを知ったり、歴史や社会の真実に目を開いたりしてくれました。自分の頭で物事を考える素地をつくることができたと思います。

倫理の授業では、近代民主主義の思想家ロックやルソーなどを重視し、それらの思想が近代以後の日本において自由民権運動（福沢諭吉と中江兆民の対比など）や日本国憲法の源流となったことなどを教材化しました。

「10・23通達」は、国旗・国歌についての歴史と、現在の真実を覆い隠し、教師に従順な生徒、国家の政策に批判的な考えを許さない教育へと誘導していく突破口になる危険があります。私は、「国歌斉唱義務不存在等確認訴訟」（予防訴訟・一二一ページ〜参照）の原告団の一員となっていますが、長い裁判をたたかって何としても勝利したいと思っています。

悪夢の40秒間、思い出したくない屈辱の日

◉東京都立高校教員　柳原　冴子（仮名）

卒業式の日、国歌斉唱時に起立していました。「国歌斉唱」と発声された瞬間もまだ心は決めかねていましたが、結局立っていました。その日のことはなるべく思い出したくありません。良心の自由に従い、内心の自由を表現した人たちが処分されています。彼らに申し訳ない気持ちでいっぱいです。なぜ私は座れなかったのか、なぜ一緒に処分されていないのか、苦しくて涙が出ます。しかし、どんなに涙を流しても、彼らと同じ苦しみを共有することができない。少しでも力になりたいと報告会等に顔を出しても、自分は偽善者であるという気持ちが消えないのです。

✣柔らかい光と涙に包まれた卒業式

卒業式を迎える前、職場の人とはいろいろ話をしました。毎日毎日、今回の問題を含め、教育全体のこと、教育行政のことをこんなに毎日話し合ったことは今までありませんでした。みんな真面目でした。誠実に悩んでいました。こんなに純粋に誠実に生徒に向かい合い、悩んでいる教師たちの引き裂かれるようなこの思いを、行政側は本当にわからないのでしょうか。これほどの屈辱感を感じたことはありません。当日、私と議論を重ねてきた人もみな起立していましたが、その胸の内は痛いほど分かりました。卒業式の後、その話をすることはほとんどありません。

私たちの高校は昨年度まで「フロア形式」で卒業式を行っていました。今回のような、全員前を向いて黒い背中を向けた卒業式を見るのは本校に来てから初めてで、そのあまりの違いは予想以上のショックでした。

この学校に異動し、初めて見た「フロア形式」の卒業式。卒業生に向かい合う形で保護者と在校生、教職員が座る。卒業証書授与や校長あいさつはフロア中央で行われる。「フロア形式」の魅力は、晴れやかな卒業生の顔が見られること、歌や答辞・送辞を対面で行えること。暗幕もすべて開けて行う本校の式では、柔らかい光が体育館に差し込み、卒業生たちはみんなに囲まれて暖かい雰囲気を心ゆくまで享受し、大粒の涙を流して卒業していきました。堂々と答辞を読み上げるその表情に、担任ではない私たち教職員も込み上げる感動を抱いたし、多くの保護者も涙を拭いていました。

特に「僕たちが全員で何かをするのはこれが最後です。聞いてください」という呼びかけで始まる「卒業生の歌」は、在校生を釘付けにします。在校生は卒業生の真剣さとけなげさに動けなくなってしまうのです。聞いてほしい相手に心から歌う歌はこんなにも感動的なのです。頬を流れる涙まではっきりと見えました。

ところが、昨年の「10・23通達」で、この「フロア形式」は完全に否定されました。「何が悪いのか」「どこが問題だったのか」『日の丸』も『君が代』も実施しているのに」……いろいろな疑問や意見が職員会議で交わされましたが、「厳粛でなくてはならない式のかたちに（フロア形式は）ふさわしくない」「都教委に認められない」という答えしか返ってきませんでした。

✣ついに認められなかった「フロア形式」

職員会議では卒業式についての審議は何度も保留され、会議後も組合員を中心に日々遅くまで話し合いましたが、どうしたらよいのか結論は出ません。私たちにとっては、「日の丸」や「君が代」よりも紛糾したのは「フロア形式」でした。このまま「フロア形式」を続けて、その結果、都教委に目を付けられて悪宣伝になっていいのか、当日右翼が押しかけたりマスコミの餌食になったりしたら、生徒がどんなに傷つくか……そういった最悪の事態も予想しました。

でも譲れない、という思いは強く、私たちは原案を「フロア形式」で出しました。案の定校長は、「通達の意味が分かっていないのか」と激怒しました。そして、教頭が言いました。

「皆さんが議論する余地はないのです。実はひな形はもう都教委の方にあるのです。座席表と役割分担表を付けて提出することになっています。ひな形と少しでも違うところがある場合は、逐一都教委のチェックを受けることになっています」

愕然としました。すぐに相次ぐ質問。

「教職員の座席を決める必要がなぜあるのですか」

「国歌斉唱時に起立を確認するためです」

「生徒の方に向かって座っていけないのですか」

「全員壇上を向いてもらいます」

「三年の担任は生徒のほうに向かってすわっていいですよね」

「都教委に確認を取らないと分かりません」（「そんなことも学校で決められないのですか！」という怒りの声）

「卒業生の歌のときだけでも、卒業生と在校生を向かい合わせてはいけないか」

「都教委に確認を取らないと分かりません」

こんなやりとりが延々と続きました。後日返ってきた回答は、次のようなものでした。

「都教委に確認したところ、三年生の担任だけは特別に並んでよいということです。しかし、横を向くことはできません。前を向いてもらいます。また、卒業生の歌の際、壇上に背中を向けることは許されません」

✣私は起立した、あれは夢なのか

三年担任団の席をつくるのに特別許可がなぜ必要なのでしょうか。そして卒業生は、誰に向かって歌うのか。それが分からないというのなら、人としての心がないとしか言えません。卒業生も在校生も「フロア形式」の卒業式以外本校では経験したことがありません。ゆえに、学校全体としてフロアに対する気持ちが強く、式の形式についての攻防のほうが「国旗・国歌」のそれよりも激しかったのです。三年生は署名活動もやったし、校長室に行って抗議もしていました。保護者からも「フロア形式」の存続を求める申し入れ書が出ていました。しかし、すべてが無視されました。

式当日は教職員席の一番後ろに都教委の人が座りました。私は席が離れていたので、詳しいことはわかりませんが、着席した教師のところに教頭が駆けつけて、「立ってくださ い」と三回言ったようです(当日起立しない教員がいた場合、「三回までは注意する」とは事前に教頭が言っていました)。

私はずっと顔を上げずにいましたが、三年生のなかで着席していく生徒の姿がチラホラと見えました。自分たちの望む式の形が全く叶えられなかったことに対しての抗議の着席だったようです。結局、答辞も在校生に背中を向けたままでした。暗幕もすべて引かれ、去年まで差し込んでいたあの柔らかい光もありませんでした。

あの四〇秒間、自分が起立していることが恥ずかしく、息ができませんでした。考えていたのは、

――私は「国歌斉唱」という声に応じて立ったわけではない。だから歌が終わって、「着席」という発声があっても座らないのだ。そのまま、立ったまま、後ろの在校生席に行こう。そしたら、私は「君が代」に対して起立したことにはならない……。

こんなのは屁理屈です。自分でも分かっているのです。でも、そうでも思わない限り、うわべの冷静さを保てる自信がありませんでした。いまでも、自分が立っている、あの姿、あれは夢なのではないか、と思いたい。

✣「君が代」を歌うことの罪を知った日

私自身は東京の出身ではありませんが、小学生のとき、「君が代」の強制が始まったことは記憶にあります。高校の卒業アルバムは、屋上にはためく日の丸の写真で始まるし、卒業式予行では、日の丸に向かっての礼の練習もしました。そういうことに何の抵抗も感じませんでした。しかし、同時期に沖縄海邦国体（一九八七年）での「日の丸焼き捨て事件」の〝混乱〟を目の当たりにして、心臓を突かれるような衝撃と疑問を感じたことも確かです。

決定的だったのは、大学の卒業式の日、「君が代」斉唱時、壇上で起立したまま唇を噛み、遠くを見つめる恩師の姿を見てからです。先生は広島出身で被爆者手帳の保持者であり、元都立高校の教師でした。そのとき私は「君が代」を歌うことの罪を知ったのです。先生はもう亡くなりましたが、あのときの先生の姿は、遠藤周作の『沈黙』の最後で、踏み絵をするあの神父（パードレ）と重なります。「本当に進んだ社会とは一番弱い人に寛容になれる社会なんだよ」と言っていた高校時代の先生の言葉の意味がやっと分かった気がしました。

私の無知がどれだけの人を傷つけたのか。その日以降、「君が代」に起立したことも、歌ったこともありませんでした。罪を償っているつもりでした。それなのに、今回起立していたのです。バブル期に青春時代を過ごし、価値観や自己の存在そのものを問われる共通体験を持たなかった私たちの世代の限界なのでしょうか。今回起立していたことを、私は生涯引きずっていくのでしょう。この先の行動の仕方も、正直本当にわかりません。混乱しています。この先、何回も三月と四月が来ると思うと、本当に憂鬱です。

もうひとつ、生徒の「内心の自由」ですが、五月に出た、生徒の不起立に対する教員への処分は、教師と生徒の信頼関係を利用したもっとも卑劣なやり方であると思います。ここまで暴走していいのかと恐れすら抱きます。

私たち教師が、生徒の「内心を守る」ということになると、生徒のいないところで議論したり、教師との人間関係（同情）の中で生徒が「日の丸・君が代」に着席したりしても、それは本当の意味での「内心の自由」を彼らが獲得したということにならないと思っています。それでは私たちが何をしていくか。私自身がそうだったように、机上の勉強だけではなく、彼ら自身の「魂」の問題になっていかないと解決しないと思っています。例えば、沖縄修学旅行で、沖縄戦体験者の証言を聞き、追体験をした中で生徒は変わっていく、そのような場を教師がいかに設定できるかが問われていくと思います。

II

「日の丸・君が代」強制・その経過

1、周年行事で起きたこと

✣処分を振りかざした「10・23通達」

東京都教育委員会（都教委）は二〇〇三年一〇月二三日に、入学式・卒業式等での新たな「日の丸・君が代」強制の「通達」と「実施指針」を出した（65〜64ページ参照）。「通達」は教職員が校長の職務命令に従わない場合は「服務上の責任を問われる」とし、「実施指針」のとおりに実施することを定めた。

「実施指針」は「国旗は、式典会場の舞台壇上正面に掲揚する」「教職員は、会場の指定された席で国旗に向かって起立し、国歌を斉唱する」「国歌斉唱は、ピアノ伴奏等により行う」「服装は、厳粛かつ清新な雰囲気の中で行われる式典にふさわしいもの」などとともに、「舞台壇上に演台を置き、卒業証書を授与する」「児童・生徒が正面を向いて着席する」という会場設営まで定めていた。都立高校の中には、これまでそれぞれの学校の創意で対面式やフロア形式の卒業式・入学式を行っている学校があったが（特に障害児学校ではほとんどがフロア形式であった）、以後はこれを認めないという内容である。

「フロア形式」については、これより先、二〇〇三年四月一〇日の教育委員会で教育委員の一人が「問題がある学校」だと発言し、「学校名の公表」を求めた。また『仰げば尊し』を堂々と歌ってほしい」「そもそも国旗・国歌については強制しないという政府答弁から始まっている混乱」「だから政府答弁が間違っている」といった発言が相次いだ。

さらに七月二日の都議会本会議では、土屋たかゆき都議（民主党）が卒業式などでの「内心の自由について説明すること」や「起立しない教員がいること」を問題にした。それを受けて横山洋吉教育長は「内心の自由を説明することは不適切である」「教員が起立しないことはあってはならないこと」と答弁し、新たな「実施指針」の策定と「卒業式・入学式対策本部」の設置を表明した。

この教育長答弁に基づいて発足した「卒業式・入学式対策本部」では、「国旗・国歌の適正な実施」は「学校経営上の弱点や矛盾、校長の経営姿勢、教職員の意識レベル等がすべて集約される学校経営上の最大の課題であり、この課題の解決なくして学校経営の正常化は図れない」とまで位置付けられた。

こうして「国旗・国歌の適正化」に向けて都教委はひた走り、新たな「実施指針」の策定となったのである。

❖「戒厳令下」の周年行事と音楽教員の苦悩

二〇〇四年三月の卒業式の前に「通達」と「実施指針」の対象とされたのが周年行事だった。一〇月二三日以後、年内に一五校の都立高校で周年行事が予定されていた。周年行事は各学校の創立を祝う記念行事であり、記念式典をやるか否かも含めてその学校が独自に決めていた。しかし、「10・23通達」以後、事態は急変した。それまでの準備と計画は反故《ほご》になり、都教委の監視と強制のなかでの周年行事となったのである。

その最初が一〇月三一日に行われた都立足立西高校の創立30周年の記念式典だった。会場となった体育館の正面壇上に国旗と都旗が掲げられた。都旗は学校にはなく、都から借りてくる慌ただしさであった。校長は教職員一人ひとりに「職務命令書」を出し、一方、都教委は「実施指針」どおりに実施したか否かを「監視」するために八名の職員を派遣した。

その後に実施された各校の周年行事においても、「実施指針」どおりに実施したかどうかがすべてに優先された。約四〇秒間の「国歌斉唱」のために、これまで積み上げてきた教育活動が根底から崩れ落ちることになった。まるで「戒厳令下のようだった」と、どこの周年行事実施校でも囁かれた。

その式典の中で、「国歌斉唱」の伴奏をする音楽教員の苦悩はとくに大きかった。ピアノを弾くという行為が、生徒に歌うことを強制することになるからである。

ある学校では、周年行事直前に体調を崩し、休暇をとった音楽教員に対して、校長が都教委に相談すると、都教委は「次の日も休むようなら家まで行って説得してくるように」と指示するほどだった。悩み抜いた末に、その教員は、今回はピアノを弾かざるをえないという結論を出し、「当日は抗議の気持ちを持ってピアノの前に座る」と校長に伝えたのであった。

休暇についても、最初、校長は、周年行事の日に休暇を取ることを認めようとしなかった。「当日は休暇は取れないから、長期間の病休にしてほしい」とまで言う校長もいた。また、当日、子どもの運動会と重なりどうしても面倒を見てくれる人が見つからないと、休暇を申請した教員に、「そういうことは前々からわかっていたはずだから調整しておくべき。今後は絶対に認められないから」と念を押すありさまであった。

校長は「実施指針」どおりに実施するために、「通達」に書いてないことまでもこまごまと都教委に問い合わせをした。都教委からは直前になると、日に何本もの電話が校長にかかってきた。壇上の来賓の並び方、進行台本などを提出させ、何回も修正させた。「記念誌」を作成した学校では寄稿した人の文章まで検閲した。

✣監視の中の式典、不起立教員に「戒告処分」

なかでも都教委が力を注いだのが教職員の「座席指定」表だった。教職員は約四〇秒間の「国歌斉唱」時に座席を指定され、自分の席を離れることはできなかった。指定された席にいるかどうか、起立して斉唱するかどうかを後方から「監視」するために、都教委の職員は教職員の座席の後ろに座った。

教職員が起立するかどうかを確認する「現認」は教頭（04年度から副校長と名称変更）の役目だった。そのために教頭が司会をすることになっていた学校は主幹や教務主任に変更させられた。司会の「国歌斉唱」の号令と同時に、教頭は教職員の座席まで動いて起立しているかどうかを確認した。不起立の教職員がいると、教頭は「立って歌ってください」と何度も強い調子で促した。「国歌斉唱時」に教頭は立ち歩き、大声を出しても許されるのだった。

不起立の教職員は、式典終了後に校長室（学校外の会場の場合には控え室など）に呼ばれ、都教委職員の立ち会いのもと、校長と教頭が不起立を確認するケースが多かった。

年が明け、〇四年一月下旬に周年行事での不起立の教職員に対する都教委の「聞き取り」（事情聴取）が行われた。ある学校では、呼び出される期日と時間が書かれた文書が校長から渡され、六時間目に授業があっても、都教委に行くことが優先だと念をおされた。

ある教員の「聞き取り」は都教委の職員二人と校長と本人が対面する形式で行われた。「服務事項について、重大なことで来ていただいた」との言葉で始まり、メモをとることも、弁護士の立ち会いも認められなかった。氏名、勤務年数、職務命令を受け取ったか否か、周年行事当日の着席の有無、以前に服務事故はあったかなどを聞かれた。逆に、憲法にある「内心の自由」についてどう思うかと質問すると、「今日は事実だけ聞いているので、ここではそのことに答える必要もなく議論はしない」との答えが返ってきた。

二月一七日、都教委は周年行事で不起立だった一〇人の教職員に対して「職務命令違反」「信用失墜行為」を理由に「戒告」処分を発表した。「戒告」は昇給延伸などの不利益を受ける処分であり、三月の卒業式以前に、早くも不起立で「戒告」処分を出したことの衝撃は大きかった。

2、卒業式で起きたこと

❖一変した卒業式の光景

二〇〇四年三月、卒業式はどの学校でもこれまでと大きく異なるものになった。学校生活最後の行事である卒業式には生徒も教職員も保護者も特別の思いをもつ。高校生活の思いを語る「卒業生の言葉」、在校生の敬意と感謝を込めた「送る言葉」、全員で歌う校歌、卒業生全員の大きな合唱。ある学校ではフロア形式で向かい合い、またある学校では担任一人ひとりが思いを語り、それぞれの思い出を胸に刻む。

こうした都立学校のさまざまな卒業式が、「10・23通達」によって崩れていった。生徒のそばに座ることも、生徒の方を向いて座ることもできず、自らの意思に反して起立を余儀なくされる「国歌斉唱」。職場では何回も話し合いが続く。司会を命じられた人、ピアノ伴奏を命じられた人、その場を離れることができない担任、教員生活最後の卒業式を迎えた退職教員、警備・受付で会場外にいる人、だれもが悩み苦しんで、卒業式を迎えた。

三月上旬のある都立高校の卒業式。ステージの正面に「日の丸」と都旗。その前に証書授与台。ステージに向かって右側に来賓、左側に教職員。教職員は座席が指定され、椅子は正面を向いている。昨年までは教職員は生徒の方を向いて着席していたが、全員が正面壇上の「日の丸」と正対するように座席が設置された。卒業生が入場するときも、退場するときも、式の最中も、生徒の方を向くことができない。

式が始まる。「起立！」の号令のあと、そのまま「国歌斉唱」に進行する。昨年までは司会が「よろしかったらご起立願います」と言ってから「国歌斉唱」となっていたために、起立して歌うか否かはそれぞれが判断できたが、判断する間もなく「国歌斉唱」となる。

司会は主幹。昨年までは教頭が司会だったが、教頭は「現認」のために教職員の最前列に座る。教職員は「座席指定」に従って着席し、その後ろに都教委から派遣された職員が座る。卒業式にはどの学校にも都から二人以上の職員が派遣された。そのうち一人は壇上で教育委員会の挨拶を行った。

「国歌斉唱」が始まると、不起立の教員の傍に教頭が歩み寄り、大きな声をかける。「○○先生、お立ちください」。式が終わると不起立の教員を校長室に呼びだし、校長は都教委の職員といっしょになって不起立を確認した。

✣生徒の人権を無視された障害児学校

都立盲・ろう・養護学校では、これまで子どもの障害の態様に合わせたやり方で卒業式が実施されてきた。ほとんどの学校がフロア形式で対面式だった。先生や保護者に見守られながら、校長から卒業証書を受け取っていたのである。

しかし、「実施指針」には「体育館では舞台壇上に演台を置き、卒業証書を授与する」とあり、壇上正面に掲げた「日の丸」のもとで卒業証書を授与しなければならなくなった。そのため、多くの学校では特別予算で体育館のフロアから壇上にのぼるスロープが取り付けられた。壇上に自力で上がれない子どもを壇上に上げるために、スロープを取り付けたのである。

また、立っていられない子どもを抱き上げて「起立」の格好をさせたり、車椅子を離れることがないように命じた校長もいた。生徒が障害児であることを配慮した卒業式は認められず、すべて「実施指針」どおりに実施しなければならなかった。明らかに生徒の人権は無視されたのである。

✣全国にも例がない嘱託教員への重い処罰

卒業式を直前にした二月二四日、都教委は「再任用職員等の任用について」という「通知」を出した。定年で退職する教職員の再任用、または嘱託員としての任用の選考はすでに終了して合格発表もされていたが、「仮に、合格者が退職日までに服務事故等を起こした場合には、在職期間中の勤務実績不良として、東京都教育委員会はその者を任用しないことがある」(67~66ページ参照) という内容だった。つまり、定年で退職する教員も、すでに嘱託となっている教員も、卒業式で起立しなかったら雇用しない、ということの通告だった。

卒業式が終わってまもなく、三月三〇日に臨時の教育委員会が開かれた。そこで、卒業式で起立しなかったことなどを理由に都立学校の教職員一七六名の処分を決定した(第一次分)。戒告は一七一名で、うち三人は四月からの再雇用が取り消された。また再雇用されていた嘱託教員五名の更新が取り消された。その結果、退職予定者で講師が内定していた一名を加えて、九名の教員が解雇されたのである。

処分は、四月一日の嘱託の発令日を前に急いだのだった。十分な事情聴取も行わず、「不起立一回で解雇」という重い処罰は全国にも例がない。

処分の言い渡しは教育委員会の開かれた三〇日の午後になされた。出勤していなかった嘱託教員は、校長から出勤するよう命じられ、断ると都教委の役員が家にまで出向いて処分を通告した。本人が不在のときは「発令通知書」と「処分説明書」の二種類がポストに投函されて通告された。持病を抱え、病院から長期間薬をもらっていたある嘱託教員は、あと一日で保険も使えなくなることに気づき、急きょ病院に出向いて当面の薬をもらい、その足で都庁に出向くというつらい一日となった。

こうしてあっという間に数日後に控えた生徒との出会いも、授業も奪われてしまったのである。再雇用を取り消された九名は六月一七日、東京都を相手取り、解雇無効を求める訴訟を東京地裁に起こした。

四月六日には小・中学校、障害児学校の教職員二〇名を戒告、減給一〇分の一（一カ月）の処分を行った（第二次分）。処分された多くの人は「被処分者の会」を結成し、都人事委員会に「不服申し立て」を行っている。それとは別に、一月三〇日に二二八人の教職員が「予防訴訟」第一次提訴を行った。「予防訴訟」とは、都教委の「通達」「実施指針」そのものが違憲・違法であることを訴えるものである。

❖教師としての誇りと尊厳の訴え

三月二二日、予防訴訟の第一回口頭弁論が東京地裁で開かれた。意見陳述した三人のうちの一人は、一二月に行われた周年行事で「不起立」を選び取った定時制の教員だった。

その陳述は法廷内の空気が一変するほど感銘を与えるものであった。

《私は国歌斉唱時に着席しました。長い間高校生たちに基本的人権、民主主義の思想や歴史などを教えながら、憲法や教育基本法に違反する職務命令に従うことはできない。もし今後、都立高校において一〇〇パーセントの教職員が一斉に起立し、国歌を斉唱するという事態が確立するなら、都立高校で学ぶ数千・数万人の連綿たる生徒たちの思想・良心・表現の自由を守ることはできないと考えたからです。……

東京で起こった今回の事態は、まさに歴史の歯車を一九四五年一〇月四日に出された、GHQの人権指令以前の状態に逆行させるものだと思います。

未来の主権者を育てるための教育実践の発展のためには、教育の自主性と自由、高校生の自由な発言と自主活動の保障は絶対に必要です。「10・23通達」は、真理・真実を覆い隠し、白も黒も赤も青もある世界を白一色に描き出すような教育の始まりになるような危惧があります。不起立の生徒が多くいる学校に対する調査なるものは、高校生が自ら考え討論し、行動する自由をも抑えようとする教育委員会の姿勢を示しています。裁判官の皆様の賢明な審理をお願い致します。》

予防訴訟は、五月二七日に第二次提訴を東京地裁に行った。原告は一一七人で、一月に提訴した第一次原告二二八人と合わせると三四五人の教職員が裁判に訴えることになった。

3、生徒の「内心の自由」に踏み込む

✣都議会でのやりとり「生徒が歌わないと教員を処分！」

土屋委員「これまでの質疑で明らかになったことですけれども、卒業式などでクラスの大半が国歌を歌えない、歌わない状態であった場合、教師の指導力に不足があるか、あるいは教師による誘導的な指導が行われていたかということになると思いますが、いかがでしょうか」

横山教育長「学習指導要領に基づきまして国歌の指導が適切に行われていれば、歌えない、あるいは歌わない児童生徒が多数いるということは考えられませんし、その場合は、ご指摘のとおり、指導力が不足しているか、学習指導要領に反する恣意的な指導があったと考えざるを得ません」

土屋委員「これは肝心なことなので確認をしたいんですが、例えば五クラスあって、そのうちの四クラスでは生徒が起立をし、国歌を斉唱したが、一クラスのみ生徒が起立せず、国歌も斉唱しなかったとしたら、そのクラスは学習指導要領に基づく指導がなされていな

いと考えていいんでしょうか」

横山教育長「そのとおりでございます」

土屋委員「その場合、そのクラスの指導を担当した教員は、処分対象と考えてよろしいでしょうか」

横山教育長「おっしゃるような措置をとることになります」

……………………以下略

二〇〇四年三月一六日の都議会予算特別委員会において土屋たかゆき議員（民主党）は、生徒の多くが起立しなかった都立板橋高校の卒業式の問題について触れ、「歌わない自由を強調する偏向教育がおこなわれている」と都教委の強い対応を求めた。これに対して横山教育長は、国歌斉唱時に生徒の多くが起立しなかったりしたときは、学習指導要領違反として「研修命令を含めた処分の対象となる」と答えた。

この都議会でのやりとりを、『毎日新聞』は、「生徒たちが歌わないと担任教員を処分」とのタイトルで、「生徒が集団で起立しなかったり、歌わないなど『学習指導要領に基づく指導がされていない』とみなされた場合、担任教員を処分する方針を明らかにした」と報じた（3月17日付）。

✣都知事・教育委員の恐るべき発言

都立板橋高校の卒業式のあった日の三月一一日に、都教委は「教職員への指導の徹底」のための「通知」を出していた（68ページ参照）。そこには、

1、ホームルーム活動や入学式・卒業式等の予行等において、生徒に不起立を促すなどの不適切な指導を行わないこと。

2、生徒会や卒業式実行委員会等の場で、生徒に不起立を促すなどの不適切な指導を行わないこと。

とある。生徒には「内心の自由」も含めて「不適切な指導」をしてはならないことを周知徹底したのである。そして都教委は「調査委員会」を設置して、生徒の大半が起立しなかったり、生徒会などが独自に考え行動した学校に対し、「問題のある学校」として大量の都教委の職員を送り込んで調査を行った。

このような都教委の暴走に対して、学校現場はもとより、保護者・市民・メディアから多くの批判の声があがった。杉並区の都立高校保護者数人から始まった都教委「通達」の見直しを求める都民署名は全都の都立高校保護者が参加する運動へと広がった。『朝日』『毎日』『読売』『産経』新聞では「日の丸・君が代」強制に対する社説での論争が展開さ

れた。

しかし、都教委は〇四年四月八日、九日に「教育施策連絡会」を開催し、公立学校長や区市町村の教育長らに対して「実施指針」の徹底を図った。

石原慎太郎都知事は、「教育委員会の今回の対応は大きな意味を持つと思う。五年一〇年先になったら、首をすくめて見ている他県はみんな東京の真似をすることになるだろう。それが東京から国を変えることになるのだと思う」と都教委の方針を評価した（『都政新報』04年4月16日付）

鳥海巌・都教育委員は、「企業の改革でも、わずかの少数派はあくまでも反対。これは徹底的に潰さないと禍根が残る。特に半世紀巣食ってきているガンだから、痕跡を残しておくわけにはいかない。必ずこれは増殖する」

と、「実施方針」を徹底させることを強調した（『毎日新聞』04年4月9日付）

✣生徒の不起立が多かった学校への「調査」と「処分」

新学期からだいぶたった五月二五日、都教委は入学式で「不起立」などを行った教職員四〇人の処分を発表した（第三次処分）。卒業式の「不起立」に続いて、入学式でも「不起立」だった教員は減給一〇分の一（一カ月）の処分となった。これで、周年行事、卒業式、入学式あわせて都立学校の二四八人が処分されることになった。

さらに「生徒に不起立を促す発言をするなど不適切な指導」がなされたとして、教職員、校長ら六七人が「厳重注意」「注意」「指導」となった。また処分等を受けた学校の校長、副校長及び主幹は「適正な教育課程の管理に向けた研修」、戒告・減給処分を受けた教員は「服務事故再発防止研修」の命令研修を義務づけられた。

これは全国にも例のないものであり、『朝日新聞』の社説「生徒を苦しめるな」（5月27日付）では、「今回の処分で生徒への強制はいっそう強まるのではないか。先生が処分されるなら、起立しなければならないと感じる生徒は少なくないだろう」と、その問題の大きさを指摘した。「心の統制次は生徒に……」（『東京新聞』）「一挙一動を縛る東京『異常突出』」（『サンデー毎日』）と、マスコミも関心をもって報道している。いよいよ生徒の「内心の自由」、表現の自由までもがターゲットとなったのである。

都教委はこの間、「調査委員会」を設置して生徒の多くが不起立だった学校などの調査を行った。これにより、「教員の言動と生徒の不起立などとの因果関係はわからないというが、都教委は結果責任があると判断」した（『朝日新聞』）というように、生徒の行動で教職員の「結果責任」が問われることになった。これでは生徒と教職員の信頼関係は根本から破壊されてしまう。教職員が「指導不足」で「処分」されないためには、生徒に起立を求めなければならなくなってしまうからである。

✣誰も、もの言えぬ学校になっていくのか

また生徒会が「内心の自由」についての見解を出し、教職員と討論会を行った学校にも調査が入り、討論会に参加した管理職と教職員から、学習指導要領にそって発言したか、その発言が生徒に影響を与えたかなどの聞き取りを行なった。特定の考え方を押しつけるのではなく、さまざまな視点から学び、討論することも危うくなっているのである。

石原知事は「生徒の内心の自由を縛り、憲法に違反するおそれがあるのでは」との質問に「ごく妥当なやり方だ」と答えたが（5月28日記者会見）、「学習指導要領違反」「生徒不起立」で教職員の責任を問うことは、これまでにない新たな教育内容への踏み込みである。

こうした事態に対して都教育庁の元職員が六月一四日、一一〇名の賛同を得て「強制でなく、何よりも生徒の自主性を大事に、父母や教職員の意向も尊重」することなどを都教委に要請した。

生徒も教職員も、誰も、何も語らぬ学校となるのか、それとも学校に教育の自由を取り戻すのか、私たちはいまその岐路に立っている。

（東京都立高校教員／**河合　美喜夫**）

別紙

入学式、卒業式等における国旗掲揚及び国歌斉唱に関する実施指針

1　国旗の掲揚について

入学式、卒業式等における国旗の取扱いは、次のとおりとする。

(1) 国旗は、式典会場の舞台壇上正面に掲揚する。

(2) 国旗とともに都旗を併せて掲揚する。この場合、国旗にあっては舞台壇上正面に向かって左、都旗にあっては右に掲揚する。

(3) 屋外における国旗の掲揚については、掲揚塔、校門、玄関等、国旗の掲揚状況が児童・生徒、保護者その他来校者が十分認知できる場所に掲揚する。

(4) 国旗を掲揚する時間は、式典当日の児童・生徒の始業時刻から終業時刻とする。

2　国歌の斉唱について

入学式、卒業式等における国歌の取扱いは、次のとおりとする。

(1) 式次第には、「国歌斉唱」と記載する。

(2) 国歌斉唱に当たっては、式典の司会者が、「国歌斉唱」と発声し、起立を促す。

(3) 式典会場において、教職員は、会場の指定された席で国旗に向かって起立し、国歌を斉唱する。

(4) 国歌斉唱は、ピアノ伴奏等により行う。

3　会場設営等について

入学式、卒業式等における会場設営等は、次のとおりとする。

(1) 卒業式を体育館で実施する場合には、舞台壇上に演台を置き、卒業証書を授与する。

(2) 卒業式をその他の会場で行う場合には、会場の正面に演台を置き、卒業証書を授与する。

(3) 入学式、卒業式等における式典会場は、児童・生徒が正面を向いて着席するように設営する。

(4) 入学式、卒業式等における教職員の服装は、厳粛かつ清新な雰囲気の中で行われる式典にふさわしいものとする。

15教指企第569号
平成15年10月23日

都立高等学校長
都立盲・ろう・養護学校長　殿

東京都教育委員会教育長
横　山　洋　吉
（公印省略）

入学式、卒業式等における国旗掲揚及び国歌斉唱の実施について（通達）

東京都教育委員会は、児童・生徒に国旗及び国歌に対して一層正しい認識をもたせ、それらを尊重する態度を育てるために、学習指導要領に基づき入学式及び卒業式を適正に実施するよう各学校を指導してきた。

これにより、平成12年度卒業式から、すべての都立高等学校及び都立盲・ろう・養護学校で国旗掲揚及び国歌斉唱が実施されているが、その実施態様には様々な課題がある。このため、各学校は、国旗掲揚及び国歌斉唱の実施について、より一層の改善・充実を図る必要がある。

ついては、下記により、各学校が入学式、卒業式等における国旗掲揚及び国歌斉唱を適正に実施するよう通達する。

なお、「入学式及び卒業式における国旗掲揚及び国歌斉唱の指導について」（平成11年10月19日付11教指高第203号、平成11年10月19日付11教指心第63号）並びに「入学式及び卒業式などにおける国旗掲揚及び国歌斉唱の指導の徹底について」（平成10年11月20日付10教指高第161号）は、平成15年10月22日限り廃止する。

記

1　学習指導要領に基づき、入学式、卒業式等を適正に実施すること。
2　入学式、卒業式等の実施に当たっては、別紙「入学式、卒業式等における国旗掲揚及び国歌斉唱に関する実施指針」のとおり行うものとすること。
3　国旗掲揚及び国歌斉唱の実施に当たり、教職員が本通達に基づく校長の職務命令に従わない場合は、服務上の責任を問われることを、教職員に周知すること。

を考慮してこれらに準ずるものとして条例で定める者をいう。以下同じ。）を、従前の勤務実績等に基づく選考により、1年を超えない範囲内で任期を定め、常時勤務を要する職に採用することができる。ただし、その者がその者を採用しようとする職に係る定年に達していないときは、この限りでない。

第28条の5第1項

任命権者は、当該地方公共団体の定年退職者等を、従前の勤務実績等に基づく選考により、1年を超えない範囲内で任期を定め、短時間勤務の職（当該職を占める職員の1週間当たりの通常の勤務時間が、常時勤務を要する職でその職務が当該短時間勤務の職と同種のものを占める職員の1週間当たりの通常の勤務時間に比し短い時間であるものをいう。第3項及び次条第2項において同じ。)に採用することができる。

2　嘱託員任用の選考基準

東京都公立学校再雇用職員設置要綱（昭和60年3月23日付59教人職第554号第5第1項(任用)

嘱託員は、次に掲げる要件を備えている者のうちから、選考の上、東京都教育委員会が任命する。

（1）正規職員を退職または再任用職員を任期満了する前の勤務成績が良好であること。
（2）任用に係る職の職務の遂行に必要な知識及び技能を有していること。
（3）健康で、かつ、意欲をもって職務を遂行すると認められること。

15教人職第2128号
平成16年２月24日

都立高等学校長
都立高等専門学校長
都立盲・ろう・養護学校長　殿

東京都教育委員会教育長
横　山　洋　吉
（公印省略）

再任用職員等の任用について（通知）

東京都を定年等により退職する教職員について、東京都教育委員会では再任用又は嘱託員として任用を行っており、今年度は、既にそのための選考を終了し、合格発表を済ませたところである。

しかし、仮に、合格者が退職日までに服務事故等を起こした場合には、在職期間中の勤務実績不良として、東京都教育委員会はその者を任用しないことがある。

ついては、所属の再任用又は嘱託員合格者に対し、改めて服務指導等をお願いしたい。

参　考

1　定年退職者の再任用

地方公務員法（昭和25年法律第261号）

第28条の４第１項

任命権者は、当該地方公共団体の定年退職者等（第28条の２第１項の規定により退職した者若しくは前条の規定により勤務した後退職した者又は定年退職日以前に退職した者のうち勤続期間等

15教指高第525号
平成16年３月11日

都立高等学校長　殿

教育庁指導部高等学校教育指導課長
賀　澤　恵　二
（公印省略）

入学式・卒業式の適正な実施について（通知）

10月23日の新たな実施指針に基づいた通達により、儀式的行事においては、国旗・国歌の適正実施が進められているところです。しかしながら、一部の学校の卒業式において、生徒のほとんどが国歌斉唱時に起立しなかったりするなどの不適正な事態が生じています。

学習指導要領においては、「入学式や卒業式などにおいては、その意義を踏まえ、国旗を掲揚するとともに、国歌を斉唱するよう指導するものとする。」とあり、学校は児童・生徒の発達段階に即して教育を施すことを目的とするものであり、校長や教員は、関係の法令や上司の職務上の命令に従って教育指導を行わなければならないという職務上の責務を負うものです。

つきましては、校長が自らの権限と責任の下に、教育課程の適正な管理を図り、入学式・卒業式等の儀式的行事の適正な実施について、下記のように教職員への指導の徹底をお願いします。

記

1　ホームルーム活動や入学式・卒業式等の予行等において、生徒に不起立を促すなどの不適切な指導を行わないこと。

2　生徒会や卒業式実行委員会等の場で、生徒に不起立を促すなどの不適切な指導を行わないこと。

3　式典の妨げになるような行動に生徒を巻き込まないこと。

III

養護学校の衝撃と苦悩

養護学校に突きつけられた過酷な「10・23通達」

◉東京都立養護学校教員　峰尾　周一（仮名）

「10・23通達」は、障害児学校にも重くのしかかってきました。障害児学校には、盲・ろう学校、養護学校（知的、肢体、病弱）がありますが、本稿では肢体不自由の養護学校の状況について述べてみます。

✣肢体不自由児校の子どもたちの実態

肢体不自由養護学校では、児童・生徒の重度重複化が進んでいます。単一障害児は数えるほどです。一般の人がイメージするような肢体不自由児は今は普通校に通っていることが多いです。例えば座位を自分の力では保てない子ども、車椅子使用であっても、使用するのは移動時のみ、授業中は、絨毯《じゅうたん》の上で教員が背後に座って支えてあげて授業をうけたりする生徒が多いのです。

また、特別な医療的配慮を要する子どももいます。血液中の酸素濃度、脈拍等を保健室で毎日定時に測定したり、随時、痰《たん》の吸引をしたりしなければならない子どもが多いです。経管栄養の子どもが珍しくありません。身体の状態がこのようであるので、体調も急変するケースがあります。事故ではなく、本人の急な体調の変化から、学校に救急車を呼ぶようなことが一年のうち何回かあります。

言葉をもたない子どもが多いです。「○○さん」と呼んでも「はい」と返事をしない（できない）のですが、私たち教員は、子どもたちの表情の変化から「返事に代わるもの」を読みとります。言葉はなくとも、表情や言葉に代わるもので子どもたちは教員や周囲に自分の意思を伝えます。

子どもたちは、「丸」だの「四角」だのの区別がまだできない場合が多く、なぐりがきをしたり、絵を描かせようと思ってもマジックインキを持つのを嫌がる場合だってあります。

子どもたちの変化・成長はゆっくりです。しかし、学校に来ることにより、教員たちの働きかけ、友だちとの交流により、着実に変わっていきます。成長していきます。彼らにはりっぱな人格があります。人として日々成長しています。その人格の完成を目指して日々教育活動が営まれています。

❖「10・23通達」は肢体不自由児校にとって無理

「10・23通達」は校長向けに出されていて、校長が学校としてこういう形で式をやれという体裁をとっていますが、実質は子どもたちをターゲットにしたものです。教員が「10・23通達」の内容を率先垂範することにより、子どもたちにそれが当たり前のことであると思わせるようにすることに真のねらいがあると思われます。その前提となるのが、以下のことではないかと思われます。

①子どもたちが式会場で椅子席に自力で座ることができ、起立という意味を解し、起立できること。

②正面の意味が解り、正面前方を凝視でき、そこに何があるか判別できること。

③「〜斉唱」の意味を解し、斉唱できること。

④卒業証書授与の時には、体育館の壇上にあがらなければならないことを理解し、なおかつ自力で壇上にあがることができ、正面にあるものを意識しつつ、証書を校長からもらえること。

「通達」のねらいは、①から④まで全部を子どもたちができることを前提にしています。

しかし、肢体不自由養護学校の子どもたちの実態は、先に述べた通りです。①から④までの事項が自分の力でできない子どもがほとんどなのです。つまり前提がなりたちません。この「通達」は、少なくとも肢体不自由養護学校の子どもたちにとっては、ほとんど意味のないものなのです。子どもたちにとって意味のない「通達」。それをかなりのエネルギーを注いで、形式的に実施させる。そこに、現在の都教委の異常さを強く感じます。

✣なぜこれまで対面式の卒業式を行ってきたか

「10・23通達」以前の都内の肢体不自由児校では、ほとんどの学校でフロア形式（対面式）の卒業式が行われていました。卒業証書の授与ももちろんフロアで行っていました。自力で移動できる子どもはできるだけ自分の力で、前方にいる校長先生のところまで移動していき、証書をもらっていました。それを見守る方も、卒業生を近くで見ることができ、とても都合がよかったのです。

また、証書授与のあとの子どもたちの発表や関係者からの祝辞も、対面式（少人数なので一列です）ですとお互いに見えやすく、内容も理解しやすく、アットホームな感じがしたのです。したがって、卒業式のさいに、壇上（ステージ）は使う必然性がありませんでした。もしステージの上で卒業証書をもらうとすると、

①スロープを車椅子で上っていかなければならないので、自力で行けない子どもがほとんどになる。
②証書は一人ひとり手渡しが前提になるが、時間がかかりすぎる。
③遠くを凝視することが難しい子どもたちがほとんどなので、ステージ上では何をやっているかがわかりにくい、
などデメリットが多すぎるのです。

また、正面正対に並んで、式を行うということに関して言えば、この隊形であると、多くの子どもの視界には、前の子どもの車椅子と背中ばかりが見えることになり、視界が限られたり、遠くを凝視するのが難しい子どもたちにとって、卒業する友だちがまったく見えない卒業式になってしまいます。だから正面正対のような隊形は考えられたこともありませんでした。

✣特設のスロープをつくっての証書授与

新実施指針は、多くの学校で学校長から、一〇月～一一月の職員会議を通じて伝えられました。どの学校の校長も判で押したように、教員に対し「新実施指針通りやってくださ い」と伝えました。どの肢体不自由校でも、教員が一番頭を悩ませたのは、ステージ上の

証書授与と式の隊形（正面正対）の問題でした。子どもたちの実態を知っているだけに、これだけはどうしても譲れないのです。

校長にも何度も働きかけましたし、組合を通じて都教委にも働きかけました。また保護者にも訴えました。さすがに都教委や都知事は、保護者の声を無視することはできず、「ステージ上でどうしても証書をもらえないような個人には、無理して壇上にあがれとはいわない」とコメントしました。しかしこれが精いっぱいでした。結局どの学校でも、証書授与はステージ上で行われ、式の隊形は正面正対で行われました。

卒業生は証書授与を受けるために、ステージ上まで行かなければならなくなりました。先のような子どもたちの実態のため、傾斜が急な既存のスロープではステージにあがるのが危険です。そこで、学校の予算で急きょ、緩やかな傾斜のスロープをつくる学校が続出しました。卒業式・入学式の時にしか用のない、この特別スロープをつくるために、ある学校ではなんと八〇万円近くの予算を使いました。傾斜が緩やかであるということは、式の会場にスロープがせり出すということになります。式会場の配置の仕方もこのために、これまでと大きく変えざるをえませんでした。

まったく、ばからしくなるような話ばかりです。しかし、卒業生たちを気持ちよく送り出したいという気持ちを、私たち障害児学校の関係者は強くもっています。どうにかして今までの卒業式のいい面を継承していきたいと思いました。そして、証書授与や校長・来賓の話の終わったあと、子どもたちの発表を行ったりして、従来の対面式の卒業式の良さを残す工夫をしました。

その結果、式の前半はちょっとパッとしなかったけれども、「後半はよかったね」とか、「総合的にみるといい式だったね」という評価の卒業式を行うことが出来ました。

でも、やはり、昨年までのような形で卒業式を実施したいと、私たちは思います。また、卒業証書の授与も、壇上ではなく、体育館フロアで子どもたち自身が受け取ってほしいと強く願います。

✣子どもの体調変化も認めない都教委の指導

やや細かい話ですが、式の最中の子どもたちへの対応についての、都教委の「指導」について述べておきます。

先のような子どもたちの実態から、式が一時間であるとすると、その間、車椅子に座っていられない場合があります。またその日の体調が悪く、車椅子よりは下のマットの上で式に参加した方がいい場合があります。また、途中でパニックを起こして、式の最中であっても、会場の外に出た方がいい場合があります。こういうことが肢体不自由児の学校の卒業式・入学式等ではしばしば起こります。

私たち教員はこういう子どもたちに柔軟に対応してきました。しかし今回、都教委は、式の最中は普通の椅子か車椅子に座っていることが前提で、特に証書授与や君が代（国歌斉唱）の時に、席（車椅子）を離れることはありえないという形で各校長を指導していました。体調を見て、車椅子から降りて、下で横になりながら式に参加するなどは、子ども本位に考えたら当たり前のことで、このことで式の厳粛さがそこなわれるようなことは全くありえません。通達の文面には出ていないことですが、こういう指導を実際に都教委がしていることを、多くの方に知ってもらいたいと思います。

✣式の主人公は誰か

「国歌を斉唱します。起立してください」という全都一律に強制された司会の合図が肢体不自由の子どもたちには、どういう意味をもつのでしょう。式の主人公は子どもたちです。子どもたち中心の司会進行を考えたいものです。国旗・国歌のこと、日本の国の特徴やいいところを（問題点もふくめて）学習していくことは、肢体不自由の子どもたちにも大切なことです。儀式的行事はそのいい機会である、という学習指導要領の考え方を踏まえる必要があることを私たちも承知しています。

しかし、いまその子にとって何を教えることが大切なのかという視点も、同じように大切です。子どもたちの実態を全く踏まえず、全都一律に、卒業式の内容にまで踏み込んで、「指導」をしてくる都教委の姿勢は、学習指導要領をも逸脱しているのではないでしょうか。

障害をもつ子らの晴れの日をなぜ壊すのですか？

◉東京都立養護学校保護者　岡　千鶴子（仮名）

✣通学バスに間に合わない我が家の朝

私の子どもは、重度の肢体不自由と知的な遅れとの重複障害で都立の肢体不自由養護学校に通っています。

皆さんは障害児という言葉をお聞きになって、どんな子どもを思い浮かべられますか？　体が不自由で松葉杖をついたり、車椅子に乗ったりしている子。あるいは、話しかけてもあらぬ方を眺めていて、会話など通じそうにない子。そんなところでしょうか？　私たちはいつも「大変ねえ、頑張ってね」と声をかけていただきます。もちろん、お気持ちは大変嬉しいのですが、そんなふうに見えるんだなあとも思います。

障害児を育てるって、具体的に言うと、どんなことなのでしょうか？　学齢期のお子さんをお持ちのお母さんなら、誰でも一度や二度は、ハッと飛び起きて目覚ましを確かめ、慌てて子どもを起こしに行った経験がおありではないでしょうか。子どもを急《せ》かしながらありあわせの物で朝食を食べさせ送り出す。もし、その子がスクールバスで通っていて、バス停も走れば五分の距離にあるならパンでも食べさせてやれば、さしずめ四〇分もあれば十分間に合うのではないでしょうか。

同じ条件下で私がまずやることは、寝起きとバレないように何度も咳払いをしてバスの営業所に「今日は乗れません」と連絡し、学校に「二時間目から登校します」と伝えることです。なぜ私の子どもはバスに間に合わないのでしょう？　なぜ二時間目からしか出られないのでしょうか？

睡眠中、二、三回しか寝返りしていない体は（自分ではうまくできないので、私が夜中に体の向きを変えています）強張《こわば》っていて関節などをストレッチしないと、着替えるために手足を曲げられなかったり、痛みを感じて怒ったりします。オムツの交換から、着替えて、食事のための椅子に座らせて、ベルト類を締めるまでに二〇分は使ってしまいます。

子どもは中学一年生ですが、身体の状況は二カ月半くらいの赤ちゃんと同じと診断されています。食事も初期の離乳食と同じようなものを食べていますから、もちろんありあわせのパンをかじってというわけにはいきません。家族とは別にパン粥《がゆ》を作り、おかずは、むせないように形がなくなるまでカッターにかけます。それを一口一口、呼吸の具合いや、飲み込む様子を見計らって、唇やあごを介助しながら食べさせるのですが、どんなに早くても三〇～四〇分はかかります。この時点ですでにバスは二〇分も前に行ってしまっています。

実際に出かけるには、それからさらに顔を拭いたり、靴をはかせたり、荷物や車椅子を車に積み込み、子どもを乗せ、と玄関と車の間を何度も往復して、家の中の惨状には目をつぶり、やっと出発です。学校までは約二〇分ですから、うまくいけば一時間目の終わり頃には間に合います。

✣治療を続ければ治るのだと信じていた…

長々と書いてしまいましたが、生活の片鱗なりともお伝えできたでしょうか。「やっぱり、大変じゃないの」と言われてしまうかもしれませんが、大変さということで言えば、我が家は、まあ真ん中くらいでしょうか。それに、子どもが生まれてからずっとこういう生活だったので、時間が足りないなあとは思いますが、それほど「大変」という意識はないのです。

ただ、子どもが生まれてすぐのときはさすがにてんてこ舞いでした。ミルクも飲めずにひたすら泣きつづける子どもを一日中抱いて、必死にあやしていた記憶があります。眠りが浅く、やっと寝ついたと思って、コーヒーでも飲もうとガス台のスイッチをひねったその音に驚いて火がついたように泣かれたことなど数え切れません。ですから、初めて子どもが声を出して笑ったとき、「笑った！　お母さん笑ったよ！　そうよ、そうよ、そうやって笑うのよ！」と母と二人で泣き笑いしたものでした。

やっと二歳ころから病院のなかの保育施設に通うことになり、少しずつ楽しいことが見つかり始めて、その頃の私は子どもの笑顔を見るためなら何でもする、どこへでも行く、という勢いでした。車中、ずっと歌いつづけて通った病院、過激な運動が好きだったので小さな体を振り回したり、抱いたまま飛んだり跳ねたり、自分の体のことなど二の次でした。下に生まれた子どもを保育園に預け、自分はつきっきりでの病院通いと、本当に無我夢中でした。

障害に対する明確な認識も薄かった私は、例えば風邪や腹痛のような病気と同じように、治療を続ければ治るのだと信じて懸命に訓練や保育に通いました。たぶんその時期が混乱の極みだったのだと思います。やがて、どんなに手を尽くしてもこの子は普通の子どもと同じにはなれないのだということも解りました。

でもそのとき、それほど大きなショックを受けずにすんだのは、ありのままの子どもを丸ごと受け入れ、愛してくれた保育施設の先生方の姿勢と私たちへの励ましでした。そして、何より、生まれた瞬間から自分の困難な運命を受け入れ、最大限の努力をして「生きよう！」としている我が子の姿でした。

✣やっとたどり着いた「安全な港」養護学校

こうして、愛情と勇気と希望と、次に何をするべきか解らないことからくる大きな不安を抱えて、私たち親子は学校の門をくぐることになったのです。

その印象をひと言で言うなら「なんて温かい学校だろうか！」ということでした。嵐をくぐりぬけた船が、やっとたどり着いた安全な港のような……それは六年経った今も変わりません。幼児期の六年間が混乱の中からの感性の発掘だったとしたら、続く六年はその感性に教育という磨きをかけて生きる力にしていくことだったと思います。そのこと自体は普通の子どもも変わらないかもしれません。違うのは、障害をもった子にとって一つの力を獲得する、その力を発揮するのに、とてもとても長い時間がかかるということです。

私の子どもが学校で学んでいることの一つに、コミュニケーションの確立というのがあります。自分の考え、好みを相手に伝える。言葉がしゃべれず、手足も思うように動かない子にとって、それはとても難しいことなのです。

最初に積み木を使った二択から勉強が始まりました。先生に腕を支えてもらって「〇〇はどっち？」と聞かれ、見て判断し、さまよう手を何度もコントロールしながら一つの積み木を倒すまでに、さあどれくらいの時間がかかったでしょう。カタツムリが五センチ進むほうが早かったかもしれません。

中学部に入り、今はひらがなで文字の勉強をしています。選択も少し早くできるようになり自信もついてきたように見えます。

ここまでくるのには親の目から見ても頭の下がるような、計り知れない努力があったと思います。また、それは自分の子どもだけでなく、この学校に通ってきているすべての子どもたちに共通することなのです。小さな学校ですから、私たちは子どもたちの成長をともに喜び、新しい発見をしては、驚いたり心配したりしてきました。

養護学校に来て、毎朝歩行器での練習を積み重ねて驚くほど歩けるようになった子もいます。介助してもらわなくても、電動の車椅子や、自走式の車椅子で自力で進めるようになった子もいます。その裏に隠された努力が解るだけに、晴れの舞台を与えてあげたい、獲得した力を発揮できる場を与えてあげたいという気持ちは強く、それだけに今回の卒業式のあり方は残念でならないのです。

なぜ障害のある子を高い段の上に？

学校は、大きなハンディを負った子どもたちだからこそ、すべてのバリアーを取り払い、自分の持てる力を十分に発揮出来る場として、その功績を認めて励ましてもらえる場として、フロアでの卒業式をやってきてくださったのだと思います。装具の力を借りて歩いてくる子、車椅子を走らせてくる子、あちらこちら迷走してしまう子もいます。もちろん時間はかかりますが、それでも段差がなければ何の心配もありません。毎年毎年私たちは、「もう少し、もう少し、ホラ頑張って！」と心の中で声をかけながら、深い感動を持って見守ってきました。

介助されて登場する子たちが、晴れがましさを精いっぱいの笑顔に表したり、車椅子の高さに合わせて差し出しされる証書を受け取ろうと懸命に手を動かしたりする様子など、間近に見られるフロアーだからこそよく解るのです。普通の子ならきりっとした後ろ姿や、歩きぶりなどからその歓びも伝わるかも知れませんが、私たちの子どもたちのサインはとても小さなものなので、壇上に行かれてはわかりません。重い障害を持った子たちとのコミュニケーションには、距離感はとても大切な要素です。子どもたちにしっかりと焦点を合わせて、工夫をしてきてくださった学校のあり方に、私たちは尊敬と感謝の念を抱いてきました。

　しかし今回の「通達」により、せっかく今までに作り上げてきた卒業式ができなくなってしまいました。なぜ式典だからといって、壇上なのでしょうか？　たった一段の段差でも、超えられないバリアーとなります。実際、危険だという理由で、歩くことを許されなかった子もいます。わずか九〇センチの高さであっても、落ちることは命に関わるほど危険なのですが、その子がそれまでに費やした月日を思うとかけるべき言葉がありません。世の中が、ノーマライゼーションの理念に基づいてバリアーフリーへと動いている中、障害のある子を高い段差のあるところへわざわざ連れて行くことは、時代の流れに逆行しているのではないでしょうか？

　障害児への深い理解をもって私たちが大切にしてきた卒業式を認めていただきたいと思います。敬意や尊敬の念は、強制から生まれてくるものではないと思います。心から心へと通じ合ってはじめて芽生えるものではないでしょうか？

　送る者、送られる者が、温かくつながりあえる卒業式を続けさせてもらえるよう願ってやみません。

子どもたちの実態無視の式は間違っている

◉東京都立養護学校教員　大原　咲子（仮名）

二〇〇四年三月一九日卒業式。「国歌斉唱！」そのとき私は起立せず、「君が代」を歌いませんでした。都教委は戒告処分をしました。私は人事委員会に処分不服審査請求を提出しました。

私は、卒業式は、学校行事という形の授業、教育活動だと考えます。私の教員歴三一年間において卒業式は、勤務する学校の教職員全員が毎年、何カ月もかけて協議・準備して作り上げてきました。「日の丸・君が代」の問題があったからこそ、管理職も交えて、学習会ももって、一人ひとりが考えを出し合う努力をしてきました。私は、そのような教育実践こそ大事だと思い、卒業式という「授業をつくる活動」に積極的に参加してきました。

その年の卒業生の実態・希望を考慮し、在校生・教職員・保護者が卒業生を祝福する気持ちを表現する式次第、会場、装飾、音楽を作り上げることを、これほどまでに全校で長い期間かけて行う教育実践は他にないと思います。

✣暖かいまなざしに見守られた卒業式

本校（肢体不自由養護学校）に私が赴任して来て初めて卒業式を迎えたときのことです。半円形の青い布に一〇数羽の白い鳩が飛び舞うテーマ装飾が式場である体育館の側面ギャラリーに設置されていました。「どうしてあんなところに？」と思ったのですが、高等部卒業式では、そこが卒業生席だったのです。舞台前のフロアに証書授与の演台が置かれ、参列者席はコの字型でした（小・中の場合は人数の関係で、卒業生席と演台が入れ替わっていました）。

重度心身障害をもった卒業生三名のうち二名は座位がとれないため、仰臥《ぎょうが》位姿勢型車椅子でした。一名は病弱のため、関係者の計らいで、超過年だが高等部教育を受けた生徒でした。卒業生席からすぐに校長先生の前に出て証書を受け取り、来賓、保護者、小・中・高在校生のすぐ側を、それぞれの卒業生の思い出のピアノ曲をバックに、担任が卒業に当たっての思いを読み上げる中、赤い絨毯《じゅうたん》の花道を通って席に戻りました。証書授与のとき、花道を進むとき、参列者から自然に、拍手やはなむけの言葉があるのが新鮮でした。

在校生席は二・三列で、車椅子では姿勢に無理がある生徒は、前のマット席に担任に抱かれたり、三角マットやタオルケット、枕などで個々に合ったポジショニングを工夫してもらっていました。参列者は仰臥位の卒業生の顔を覗き込むように視線を合わせて、直接にお祝いの言葉をかけることができます。私は目が見えない高一のAさんに式の様子を説明し、彼女の手をとって拍手をし、彼女の表情を読んでお祝いの言葉をかけました。

「卒業生の思い出」は、生い立ちを示す写真のスライドと修学旅行のビデオを舞台前面の大スクリーンに映しました。波の音、ウインドサーフィンを楽しむ現地の若者たちとのごく自然な交流の映像、夏を主題にした青春ポップスが、卒業式のテーマ曲ともなって、在校生も一緒に歌いました。

卒業式の練習を繰り返す中、Aさんがビデオから流れる海辺の音に一心に耳を傾け、いい表情をしているのに気がつきました。Aさんは全盲で、寝返りも難しい心身障害をもち、食事も車椅子では困難なため、教員が床座位で工夫しながら抱きかかえて、ペースト状の初期食をとっていました。「移動教室や夏休みの家族旅行はいつも山。修学旅行は海を経験させてあげたい」と思ったのは、この卒業式がきっかけでした。

✣子どもたちの心身の負担を第一に考えて

二年後、私も担任した学年の卒業式。会場を飾る鉢植えの花を入れる箱を卒業記念に製作しました。何カ月もかけて、ホームルームの時間に手引きノコ・電動糸鋸《いとのこ》で板を切り、バーナーで焼き、電気ドリルを使ってネジ釘で組み立てました。

訪問学級のB君は修学旅行も卒業式にも残念ながら参加できませんでしたが、卒業遠足ではみんなと一緒に似顔絵を描いてもらったので、記念品の額に収めて会場に飾りました。

三年間、毎日、保健室まで、重たい補そう靴をはいて、両腕をあげてバランスをとりながら歩いて出欠表を届けたC君。障害者を差別する視線に人間不信に陥って、本当の友達を探したいと悩んだD君は、自分の成長を文集の一ページにみごとに書き上げ、両親や祖母に褒められたと嬉しそうでした。

卒業式のテーマは「ともだち」。パソコンを使ってアルバム文集、スライドショーを作りました。たくさんのビデオや写真から、生徒一人ひとりの一番いい表情を選び、みんなの写真と言葉で三年間の成長を綴る構成にしました。スライドショーを見たところで、保護者から卒業生へ、成長を祝う言葉を述べてもらいました。感慨ひとしおで言葉につまる場面もありました。参列者全員で歌う曲は卒業生が「友情」について考えて決めた「夜空の向こうには」でした。

式当日まで全校で練習してもらいました。みなさんが空を見上げるように歌ってくれることを願って、私は墨で心を込めて大きく手書きした歌詞を式場ギャラリーに掲示しました。退場は、参列者全員が花道に並んで人垣をつくり、卒業生・保護者と握手をしたり、お祝いの言葉をかけたり、花を手渡したりします。

さまざまな障害をもっている参列児童・生徒ゆえに、卒業する一人ひとりの成長が見えて、みんなに祝ってもらう様子がわかるように、また心身への負担を配慮して、これらの内容を一時間以内に収めます。校長先生や来賓の話も含めて言葉を選んでもらい、三分にするか、四分にするか、分刻みの進行表が作られるのです。生徒の声、生徒の表情、動きを大切にするとき、その場面には少しでも余裕をもたせたいとの思いを込めて進行表を作るのです。体調が悪くなった生徒が出たとき、的確に保健スタッフが対応でき、式も予定通り進められように準備万端整えておくのは、会場作成で一番重要な要素です。

✣「不起立」で「処分」よりつらいことは

私が担任として関わった卒業式二回目。この卒業式には訪問学級のE君も出席できました。早くから訪問看護婦さん、ヘルパーさんの手配、注入や睡眠の調整をし、式前は訪問の教室で休んで体調を整えました。式は、コの字型の一辺の卒業生席に一列に並んでいるので、来賓・保護者席からE君の表情もしっかり見えます。様子がおかしければ、すぐに医療的ケアなど十分対応ができます。

しかし今回の「通達」(「……式典会場は、児童・生徒が正面を向いて着席するように設営する)通りに行えば、E君は誰とも向かい合うことなく、表情は、すぐ後ろに付き添う担任が立ち上がって前を覗き込んで見るしかありません。これでは、E君の卒業式参加は、親御さんも心配でむずかしかったでしょう。

来年三月は、私も担任する一〇名の高等部三年生が卒業します。高等部三年間の成長を参列者全員に暖かく祝福してもらえるような卒業式をと、担任団として企画したいことがいろいろあります。しかし、今回の「通達」が計画を大幅に制限することが懸念されます。

都の教育庁で私は「戒告」の処分辞令を受けました。処分を言い渡す六名のみなさんに、「それぞれの学校の卒業式がどのように企画されたかご存知なのですか? 養護学校の卒業式をご覧になったことがおありですか?」と質問しましたが、「そんなことに答える時間はない」と言われました。あのような「通達」を出すからには、各校の会議に出席して、都教委なりの提案理由をきちんと説明し、各校の案と競って協議し、その結果、採決に加わって、民主的に最上の案を作成すべきなのです。

「通達」の内容を職員会議で聞いたとき、私は、「行政がやってはいけない教育内容への不当な介入であり、卒業式参列者全員の思想・信条の自由を侵している」と思いました。私は職員会議でもその旨、何度か意見を述べました。卒業式を前に校長室で職務命令書を読み上げられ、交付されたときも、「そのような職務命令は間違っているから従うわけにはいかない」旨を校長先生に申し上げました。教員集団が協議・論議を経たうえで、卒業式・入学式等に「日の丸・君が代」を入れると民主的に決めたのであれば、そのような式がつくられてもよいと思います。ただ「日の丸・君が代」にどう対するかは、個人の思想・信条に基づく自由を保障すべきだと思います。

私は今回、「不起立」を一回行いました。その過程で私がいちばん苦しんだのは、個人の「処分」よりも、「不起立者」を出したことで、学校という「職場」が都教委により必要以上に厳しい監査や「指導」という介入を受けるだろうと、管理職や一部の同僚が、「不起立」行為を非難していることです。都教委は実際そうするのではないか、そのためには、「通達」には反対でも座るべきではない、結果的に「起立」した人たちを苦しめることになるのではないかと言うのです。管理職だけでなく、同僚にもはっきり面と向かって言われました。同僚を苦しめることになるのはつらいことです。

✣なぜ我が家に「日の丸」がなかったか

最後に、私個人にとっての「日の丸・君が代」について述べておきたいと思います。

私の父は第二次世界大戦前、文部省の「大東亜の青年は共に学び助け合っていかなければならない」という政策に基づく中国への留学制度に応募し、一三歳で中国本土の中学校に留学しました。途中、病気帰国をはさんで、通算七年間の青年期を中国人の学生寮で過ごし、中国の中学校に通って勉強しました。しかし、そのときすでに日本は中国を侵略し始めており、父は中国で、日本人や日本の軍隊が中国人に対して行なっていることを直接見聞きしていたようです。

私が小学生の頃、祝日には近所の家は門に日の丸の旗を揚げることが多かったのに、わが家は飾ったことがありません。一度父に、「うちには日の丸の旗は無いの？」と聞いたら、父は怒って「戦争中は日の丸掲揚は強制的で、揚げなければ非国民だった。結婚した時（昭和16年12月8日、真珠湾攻撃の日に結納、翌17年1月に結婚）買ったよ。でも……」と、中国での日本人や日本軍による日の丸へのバンザイ強制その他を話してくれたと思います。

父は大相撲で「君が代」を聴いても、何かの折に日本人が「バンザイ」をするときも、中国での中国人への強制を思い出して（もししなければ恐ろしい処罰）、自分はいやな気分になり、歌えないし、「バンザイ」はできないと言いました。皇国史観しか教えられなかったことを残念がり、新しい考古学や民衆史の研究成果に基づく歴史書が出ると一生懸命読んでいました。私が、社会科の勉強に興味をもって取り組むきっかけが、父の話でした。「日の丸・君が代」の強制にはどうしても反対です。そして、強制に反対するとき、いつも思うのは、「もし私が一〇～二〇年早く生まれていたら、はたしてあの軍部独裁の治安維持法のもとで、『日の丸・君が代』の強制に反対できたろうか？」ということです。命の危険、それは自分だけでなく、家族の生活までも犠牲にすることになるでしょう。

今回、「通達」に反対であっても「起立」せざるを得ないと、実際に「起立」を選択させられたほとんどの方たちが、「処分」による同僚や家族への迷惑を考慮したからです。「通達」を出した者たちに屈し、自分たちが考える教育活動を断念したのです。教師が生徒と向き合って考える教育活動ができない、そんな世の中にしてしまってよいのでしょうか？「日の丸・君が代」を強制するような「通達」は日本国憲法や教育基本法に違反していることを、訴えずにはいられません。

✣式はあくまで生徒が主役

最後に、私の担当の生徒は高等部卒業式当日、式場に着席（車イス）したところで開始直前、「気持ちが悪いので、保健室に行きたい」と訴えました。引率して会場を出ようとしたら、教頭が駆け寄ってきて、「始まるから先生は着席して！」と言われました。予行で不起立だったのでチェックができなくなるのを恐れたのと、「式典中は式場内にとどまり……」という「通達」の違反になるとの判断だったのでしょう。看護師が引率して連れて行ってくれるというので、私は席に戻りました。

「国歌斉唱」が終わったところで、私は保健室に行きました。生徒の体調がなんとか戻ったところで「在校生の言葉を予定どおり言いたい」というので、生徒を連れて式場に戻りました。具合が悪くなった担当生徒の引率は担任として当然の仕事なのに、「通達」のためにできなかったのです。おかしいと思いました。

都教委だけでなく、私たちが長いこと式の「厳粛な雰囲気」を第一にして、主役・主題を殺してしまってきたことにはっきりと気づいたのも、養護学校の卒業式に出会ってからです。証書授与のとき、花道を進むとき、その他卒業式の随所で、参列者から自然に拍手や卒業生への言葉かけがあり、卒業生も参列者も笑顔いっぱいなのが新鮮でした。「厳粛さ」を強調するため、咳一つするのもはばかられて、多くの生徒は何のために参列しているのかがわからず、つらい思いをした卒業式は間違っていたと思いました。

Ⅳ 動き出した保護者・教師たち

もう、黙っていられない！保護者で広げた九千筆の署名

◉都教委通達の撤回を求める会

丸浜　江里子

東京都教育委員会の暴走が続いています。「君が代斉唱に不起立」だった教員に対し、戒告、減給、さらに再雇用拒否も含む処分をし、さらに不起立の生徒が多い学校を調査し、五月二五日、「君が代」斉唱の際、生徒が起立しなかったのは教員の指導不足だとして、教員を「厳重注意」するという「処分」も決めました。

「憲法」も「子どもの権利条約」も、あの「10・23通達」をも踏み越えたひどい人権侵害の「処分」です。「まさかそこまでは！」の「まさか」はますます拡大し、どこまでも理不尽に、どこまでも非教育的に、どこまでも執拗にすすめられています。

✣驚きの「10・23通達」――平成でなく昭和の間違いでは！

私の娘は二〇〇三年、都立高校を卒業しました。式では壇上のポールに「日の丸」が掲げられ、「君が代」の斉唱もありましたが、開式の前に「国歌斉唱に際しましては、ご自身のご判断で」というアナウンスがされ、教員と来賓と親の席は、卒業生をコの字型に囲み、卒業する若者たちにまなざしが注がれ、証書授与はそれぞれのクラスでパフォーマンスを工夫し、生徒の実行委員の演出により、歌、呼びかけ、主張が繰り広げられ、学年の仲間全員の門出を祝っていました。

私は子どもたちの成長を感じ、自主・自由の都立高校に通わせてよかったと思いました。一緒に参加した大正生まれの母は、「感動して校長先生に手紙を書いた」ことを何カ月もたってから告白してくれました。

二〇〇四年春、年子《としご》の息子の卒業式。どんな式になるか楽しみにしていました。ところが平成一五年一〇月二三日、東京都教育委員会が出した「通達」を見て、ビックリ！「国歌（君が代）は起立して、斉唱すること。会場の設営は、座席は正面を向き、証書は壇上で受け取ること。壇上には国旗（日の丸）を左に掲げ、右に都旗を掲げるものとする。これに従わない教職員は責任を問われる」と明記されていました。校長には「内心の自由にふれたアナウンスをしてはいけない」ということが命じられたとも報道されました。

さらに驚いたことに、ほぼ同じ内容の通知が東京の市区町村のいくつかの教育委員会によって公立小・中学校に出されたのです。杉並区では一一月四日に「壇上には左に国旗、右に区旗を掲げる」と変えた以外はほぼ同じ通知が出されました。これまで子どもたちの卒業制作の絵が舞台正面いっぱいに飾られ、その前で証書を受け取ることを伝統としてきた地域の中学の卒業式を変えろということです。これを知った一人の母親は、

「エッ、これって、平成じゃなくて昭和一五年の通達の間違いじゃない?」とひと言。

いま思うと、その言葉は実に予言的な言葉でした。昭和一五年は、太平洋戦争開始の前年。そして、平成一五年は、今年一月に強行されたイラクへの自衛隊派兵の前年です。

「都教委の異常な強制は〝戦時体制〟づくりなの?」卒業する息子が国家に絡め取られるような不安を感じました。来たる二〇〇五年はアジア太平洋戦争敗戦六〇年。〝時代の還暦〟なんて、私は真っ平ゴメンです。

✣都教委への要請、木で鼻をくくる答弁

今年の一月、まだ松飾りもとれない時、近所の仲間とお茶を飲みながらたまたま、卒業式の話題になりました。

「都立高校ばかりか、公立小・中学校の卒業式・入学式まで変えるんだって?」

「不登校だった息子が卒業式の日、自分の絵があると言って行ったのよ。それなのに絵

を舞台に飾っちゃいけないなんて」

「納得できないね」

気持ちがおさまらないまま、みんなに声をかけ、一月七日に一四人が集まりました。

「やっぱり黙っていたくないね、都教委に要請してみよう」

「賛同する人の署名も添えたら」

と話がすすみ、「卒業式、入学式に関する都教委通達の再検討を求める要請書」をつくり、メールやFAXで賛同者を集めることにしました。この時、四校の都立高校保護者が参加していたので、「○○高校保護者有志」として学校名も添えることにしました。再検討を求める理由は次の三点でした。
1、日の丸の掲揚、君が代の斉唱を生徒、保護者、教職員に強制しないで。
2、生徒の門出を祝い、各学校独自に会場を設営する自由を認めて欲しい。
3、日の丸、君が代問題での教職員の処分は絶対にしないでください。
当初四校から、六校、一〇校、二〇校と面白いように広がっていき、都立養護学校が加わり、都立高校だけでなく都立学校全体の問題として、さらに輪が広がりました。

二月一八日、三〇分という限定付きで都教委の近藤精一部長と新井、巽、両課長に面会し、五〇校の都立高保護者有志、八〇二名の賛同者名をもって要請しました。

養護学校の父母は、「フロア式ならば自分で証書を受け取れる子も、壇上では大人の介助が必要だ。せっかくの自立の節目《ふしめ》である卒業式の意味が変えられてしまうのは悲しい」。都立高校の父母は、「さまざまな人が通う都立高校だからこそ、強制はすべきでない。教師の心の自由を奪って、子どもが自由に豊かに育つと思えない」と訴えました。

私たちは同じ土俵で子どもの教育を話そうと思っていたのですが、最初から「反対の立場」と決めつけ、「学習指導要領にあるとおり」とオウムのように繰り返す都教委、木で鼻をくくるとはこのことだと思いました。教育を語る人でなく、機械的に人間を管理するオペレーターのようでした。

✣「強制」は「国際的な常識」なのか？

都議会への陳情をはじめ、直筆の署名を口コミ、メールで呼びかけると、驚くほど広がり、賛同する都立高保護者有志も増え、たくさんの都立校名が並びました。この広がりを怖れたのか、「早く片をつけろ」という自民党など与党の意向があったそうで、陳情の審議は六月の予定が三月の文教委員会で行われることになりました。

文教委員会では生活者ネット、共産党、自治市民が賛成されましたが、自民、公明、民主が反対、多勢に無勢で五六八六筆の署名を添えた陳情は否決されました。はじめて都議会を傍聴した私が驚いたのは自民党議員のヤジでした。共産党議員が「10・23通達に国旗は左、都旗は右と書かれていますが、右・左の根拠は何か?」と質問したのに対し、担当部長が、「国旗は右、都旗は左の根拠は国際的慣習」と答えてしまいました（通達では「国旗は左、都旗は右」）。自ら右左を混同する程度のことを全都立学校に命じた彼の名前は近藤氏。学校が混同したら処分?

このやりとりの時に、自民党の樺山たかし議員、山本賢太郎議員がヤジを連発し、「それは国際的な常識だ」と言いました。「そうだろうか?」「こんな強制が国際的な常識なのかしら」と不思議に思い、外国人特派員協会で記者会見をしてみようかと思いました。

元外国人特派員の方のご紹介で申し込みましたが、最初は門前払い。でも、絶対、ニュースの価値があると信じて再度挑戦すると、特派員協会の方が力になってくれ、実現しました。スリリングな逆転でした。資料の翻訳・通訳はこの取り組みを通して出会ったすばらしい仲間が引き受けてくださり、当日を迎えました。

前日、都教委が卒業式で不起立の教職員の処分を発表し、会見当日、『ジャパンタイムス』が一面に取り上げたため、会場は特派員でいっぱい！　緊張しながらもファイトがわきました。

「私たちは、『国旗・国歌や国を愛さないで』と言っているのではありません。国旗や国歌といえども歴史から自由ではありません。ナチスの旗であったハーケンクロイツと同じ時代に、同じような役割を果たしたこの旗、この歌に複雑な思いをもつ人は多いのです。東京に住む、さまざまな立場・国籍の人と仲良く暮らしていきたい、多様な考えを認め、共生の知恵を身につけて欲しいからこそ、強制して欲しくないのです。『10・23通達』と処分の撤回を強く求めます」

と訴えました。たくさんの質問が出て、国際的な関心の高さと都教委の非常識が浮き彫りになりました。アメリカ人記者は、

「自分は国旗掲揚に対して立ってきたが、同じ教室にいるベトナム人やブラジル人たちが座っていても、とがめる空気は全くなかった」と語っていました。

✣特派員たちが海外に発信してくれた記事

翌日以降、『ジャパンタイムス』、AP通信、イギリスの『ガーディアン』、教育誌、『サウスチャイナモーニングポスト』、オランダの新聞等に掲載されました。四月一日付『ジャパンタイムス』は次のように書いています。

《教育委員会の国歌強制に保護者怒る

東京都の公立学校に通学する子供の両親たちが水曜日に、東京都教育委員会に向けて、卒業式で「君が代」の起立斉唱を拒否した教師の処分を取り消すよう東京の外国人記者クラブでの記者会見で主張した。（中略）娘さんが都立高校で学んでいる洪美珍さんは、母親が日本の植民地政策下の台湾で育ったことから、「君が代」と「日の丸」には複雑な思いがあると述べた。「都教委の詳細にわたる命令で、第二次世界大戦中に（日本がしたことに）思いが及んで悲しくなる」と洪さんは言う。洪さんは、娘さんが小学校でも中学校でも、起立もせず「君が代」も歌わなかったと述べた》

さらに、四月二日付のAP通信は次のように報じています。

《東京都教育委員会は……先月の卒業式で卒業式に関する方針に反した77校176人の教員を公式に譴責《けんせき》したと述べた。そのうち5人は短期契約期間が切れるが、再雇用はないだろう、と同委員会は言う。譴責対象教員のほとんどが、天皇を讃える国歌斉唱中着席のままだった。幾人かは退場または出席せず、1人はピアノ伴奏を拒否した。「先生を処罰することで教育は達成できないと思います」と、二児の母で52歳の丸浜江里子さんは言う。彼女は都教委の方針に反対する6000筆の署名収集を手伝った。日本のシンボルが担った歴史の重荷、そしてこれらのシンボルが、あの第二次世界大戦へと突っ込んで行った対外強硬方針に今でも結びついていることに保護者たちは不安なのです、と丸浜さんは語った。教員が国旗・国歌に尊敬の念をあらわすことを教育委員会が強制しているのは東京都だけだ》

記者会見をしながら、心に風が入ってくるようでした。都教委のしめつけで保護者の私までも檻に入っている気分になっていましたが、発信すれば世界の目、耳、声があること、国際都市東京で〝心の鎖国〟を強いる都教委の滑稽さ、野蛮さ、それを市民が暴いていくことの大切さを知りました。市民と外国人ジャーナリストとの交流の可能性も感じました。

✣あきらめず市民の監視を！

三月三〇日に発表された処分は、嘱託教員の不採用をはじめ、減給、戒告など一七六人への処分で、私たちの要請・陳情をあざ笑うかのような異常なものでした。

私たちは急きょ、「学校に自由の風を！」と題し、四月二九日に保護者、教職員、市民で緊急集会を開きました。当日は三〇〇人の会場に五二〇人という参加者で会場はあふれました。高校生、在日の学生、教員、保護者、ジャーナリストなどがそれぞれの思いをリレートークで語りつなぎ、弁護士、学者が全体状況を語りました。

「来てよかった」「元気が出た」「まとめて話を聞くことで、バラバラだった事実がつながり、よくわかった」等の感想が寄せられ、人数的にも内容的にも大成功でした。

ところが一方、都教委は五月二五日、「10・23通達」を踏み越えるさらに野蛮な処分をしました。三月一六日、都議会での土屋たかゆき都議の質問で、横山教育長が、「『君が代』斉唱時に起立しなかった生徒が多い学校を調査し、教員を処分する」と答えたためです。この日、土屋氏の質問が終わると三〇人ほどの集団が一斉に退室、すると土屋氏も廊下に出て来てこの人びとに深々とお辞儀、〝密接な関係〟を感じました。土屋氏の質問には完璧に応じ、六〇〇〇筆の署名に込められた都民の声は無視する都教委。都政が民主主義でなく独裁主義に近づいていると感じました。

この動きに対し、六月一二日、保護者、市民、教員、労働者、都庁の教育庁支部に働く方々の賛同までも得て、集会を開き、一二〇〇人の会場が一三〇〇人の方々でいっぱいになりました。

この取り組みを通じ、思いを同じくする方がたくさんおり、つながりあうことが元気と力を生むことを知りました。たいへんでもたくさんの人と出会える楽しさも知りました。実は、都教委の足もとも揺らいでいることを知りました。

私たちの子どもたちは都教委の人質でも、人的資源でもありません。民主主義のシステムも監視を怠れば独裁となり、私たちの無関心とあきらめがこれを許してきたと思いました。それには普通の市民があきらめず、東京の教育について発言し、行動し、議員の選択にも市民の声を活かすための努力をしていかなくては、していけば可能性はある、そう信じて努力していこうと思います。

崩されていく自由の伝統、子どもたちが危ない

◉東京都立高校保護者　楠　典子

今年、我が子が都立P高校を卒業しましたが、三年前の入学式は、新鮮な驚きがいっぱいの爽やかなものでした。開会宣言の後は着席し「君が代斉唱は〝内心の自由〟を尊重する」旨がしっかり説明され、起立して歌っていたのは一〇名ほどの保護者だけでした。また生徒たちの服装は自由で、各自に最も似合う自然なものだったこと。保護者も含め、校歌を教わり何度も練習したこと等々に感激したものでした。

P高校の教育方針は、「教育基本法」の精神に沿って起草され、自由な校風は、「不当な（政治的官僚的）支配に服することなく」という「教育基本法第10条」の具体化として生まれた、と聞いています。また、高校紛争が吹き荒れたときも生徒たちに、「結社の自由」「表現の自由」「集会の自由」は完全に保障されていたそうで、P高の教育には憲法もしっ

かり生かされていたわけです。

また、教師たちは「統一見解」で各自を縛ることなく、独立した人格として、自分の言葉で生徒たちに接し話すようにしていた、とも聞いています。それは教育の目的が「人格の形成」であり、人格のない教師には生徒の人格を育てることはできないから、というP高の教育理念によるものでした。

✣自由な伝統が崩されていく予感

ところが、この永きにわたって築き守られてきた伝統――憲法と教育基本法に基づく教育理念と実践の学び舎である自由な校風が、子どもの在学した三年の間に少しずつ崩れ落ちていくのを感じざるを得ませんでした。

入学した年（二〇〇一年）の九月、東京都の都立高校改革で、P高は「進学指導重点校」となりました。学校説明会で、「進路指導はするが、進学指導はしない」という話に感動して入学を決めた生徒や保護者も少なくなかったのに。生徒も保護者も教員も、その決定に関わることなく、校長一人が手を挙げて決まってしまうことに、疑問と不安を覚えました。

翌年、「進学指導重点校」の指定に異論を唱える先生方に対し、校長は異動を要請しました。その理由たるや「職員会議や保護者の前で堂々と反対意見を述べたから」というもの。これはとんでもないファッショ体制ができつつあるらしいぞ、と深い危惧を抱きました。

さらにその翌年（二〇〇三年）七月、「東京都公立学校教員の定期異動実施要綱」が都教委から出されました。この通達の本質は、校長に逆らう教師をいつでも異動させられるというもので、校長権限の拡大をはかったものでした。P高では、二―三年は担任も含めそのまま持ち上がることが学校案内などにも謳われていましたが、この「異動要綱」を理由に、三年に持ち上がるはずだった先生の半数が転出させられました。保護者たちの切なる要望にもかかわらず、です。

このような中、昨年一〇月二三日に都教委から出された「卒業式・入学式等における国旗・国歌に関する通達及び実施指針」にはさらに強い衝撃を受けました。

年明けの一月、杉並の保護者の方から声をかけられ、「卒業式を考える会」に参加しました。そこでの相談から、P高を含む四校の都立高校保護者発で、「通達」「実施指針」の再考を都教委に求める署名活動が始まりました。少し遅れて都議会への陳情署名も集めることにしました。私はさっそく「P高校・内心の自由を守る会」を立ち上げ、多くのP高保護者に呼びかけ、賛同の署名を得ることが出来ました。

✣卒業式委員会が要望した三つの願い

P高では従来から、生徒による卒業式委員会が主体的に卒業式を作りあげてきました（一九九九年以降は必ずしも生徒の意向が尊重されなくなっているようです）。委員会では「国旗・国歌法」「学習指導要領」「10・23通達」についてもよく調べていて、生徒たちへのアンケートや「日の丸・君が代についての討論会」を呼びかけたりもして、しっかり考え合おうという姿勢がうかがえました。

しかし子どもながらに「先生方は歌わないと処分される」し、「資料の提供や事情説明をしてくれただけでも、先生の処分につながるのでは」と、それは気を遣っていて、「これ以上言っては先生たちを苦しめるだけ」といった、いたいけな思い遣りが漏れ聞こえてくるのでした。そんな彼ら卒業生たちが、これだけは譲れないとして校長に要望していたものに次の三点がありました。

1、日の丸を中央ではなく、三脚に立てて欲しい。
2、君が代斉唱時、内心の自由についてアナウンスして欲しい。
3、都議を含む来賓を、壇上ではなくフロア着席として欲しい。

折衝の場で、校長は即座に「それはできない。そんなことをしたら、私の首が飛ぶ」と口走ったそうです。

卒業生の保護者たちも、子どもたちの要望に賛成でした。P高会（PTA）の三学年八クラスの組委員会が、卒業生の保護者すべてにFAXと郵送で賛否を問い、賛成多数の回答を得て、P高会役員と学年組委員の代表が校長に申し入れをしました。しかし、校長の口からは、

「間違ったことはしていない。教育委員会の言う通りにやってきたし、これからもやっていく。今年は都議さんもお招きしていて、鄭重に扱いたい。壇上に座っていただくのは当然である。一番たいせつなのは都議さん。学校に予算をつけてくれるのも、私が給料を貰えるのも、都議さんのお陰」との言葉が発せられたのです。

卒業式の朝、私たち数人の保護者は、日の丸がはためく校門の前でイエローカードを配りました。黄色の往復葉書とお考えください。表には「P高らしい卒業式を」と書かれ、開くと「卒業おめでとう」の言葉とともに、婉曲ながら生徒と保護者らの要望を無視したことへの批判を込め、次のように書かれています。

《P高校がこれまでも、そしてこれからも時流に左右されることなく、生徒の自主・自立を実現できる真の学びの場であり続けることを望みます。次世代を担う子どもたちの大

切な公教育の場に大人として果たすべき責任を思うとき、そしてそれをどう表すかということに関しては、それぞれにお考えをお持ちのことでしょう。本日のご来賓の中には、生徒の意向への深いご理解を、フロアで祝福するという形で表してくださっている方々もいらっしゃいます》（一部抜粋）

✣空しく響いた校長の式辞

卒業式は、昨年末新築された体育館で行なわれました。大きくて立派な国旗と都旗が、舞台の高い位置にぶら下がっています。壇上にはしっかり椅子が用意されており、従来は卒業生に向かうように用意されていた、フロアの保護者席や教員席はすべて正面を向いていました。「子どもたちが見えるように椅子を並べ替えませんか」とある保護者が周囲に提案し、椅子の向きを並べ替えていたところ、教頭が飛んできて「ご勘弁を」と言いながら、また正面向きに替えられてしまいました。

卒業生がクラスごとに選んだ曲に合わせて入場、着席。一〇時すぎ、来賓と共に校長らが入場、壇上に。同じ来賓のP高会（PTA）会長と役員はフロアの最前列に。教諭席は舞台に向かって左手の最前部に配置され、座席には背もたれのところに氏名のラベルが貼ってありました。

一〇時五分、全員起立して「礼」から始まりました。開会宣言後、起立のままで「君が代」斉唱。「内心の自由」のアナウンスはありません。斉唱の発声とともに、座った生徒・保護者も少なからずいましたが、起立のまま雪崩《なだ》れ込む騙し打ち方式だったため、座る機会を逸したという保護者も多かったようです。多くが立ったままの中、強い意思をもって着席したであろう生徒たちに勇気づけられて座った、という保護者もいました。

また、私たちが配ったイエローカードを、座って、あるいは立って、高くかざす保護者たちもいました。歌声はか細いもの。女生徒の澄んだ声が聞こえるのみで、大合唱にはなりませんでした。私自身や夫はいつも迷わず座りますが、息子が着席したのが見え、何だか嬉しいような誇らしいような気がしました。卒業式後の保護者同士の会話から、座った生徒たちは皆それぞれに、考え、迷い、決断していたことを知りました。

校長の式辞は、「教養を身につけよ」というもので、他人と通じ合うこと、多く話し合うこと、他人を思いやることが校長にとっての「教養」であるらしい。私は耳を疑いました。この校長は一月下旬、一年女子生徒から「校長先生と話がしたい」と二度三度教頭を通して申し込んでいましたが、無視を決め込んでいたようでした。彼女が何度目かの申し込みを教頭にしていたところ、偶然校長が通りかかったので、「校長先生、話を聞いてください。五分だけでも」とお願いしたところ、「五分って結構長いヨ」と、このときも校長は面談を断わった実績があります。校長の校長たる資質は、生徒に何を言うかではなく、生徒に何を行なっているかが問われるのだと思います。

✣止まらなかった無念の涙

都教委の式辞は、「国際社会に生きる日本人として、我が国を愛し文化と伝統を云々…」というものでした。「進学指導重点校」の指定、「異動要綱」の実施、卒業式での「君が代」の強制等々で、P高の文化と伝統をズタズタにしてきているのに。「10・23通達」によって、子どもたちの心をどれほど縛ってきたかということには無頓着な式辞でした。

P高会（PTA）会長は、卒業式委員会や保護者の意を汲み取り、校長や都議会議員への働きかけに尽力してくれました。生徒たちの、来賓は壇上でなくフロアで、という要望はそのまま保護者の要望でもありますので、彼ら役員は壇上には上がりませんでした。会長の式辞は、生徒や保護者、教師たちの要望をことごとく無視してきた校長批判にもなった秀逸な祝辞でした。

校長・都教委・他の来賓の式辞のときにはなかった拍手が、この会長の話が終わると湧き起こりました。P高生は自分が本当に良いと思ったら拍手する、というのも伝統です。高校生にはちゃんと真実を見抜く力があるのだと、嬉しく頼もしく感じました。

卒業式のあいだ中、私は、卒業式委員会の生徒たちや心ある先生方の苦悩や努力に思いを馳せ、また私たちの要望を後押ししてくれた他学年の保護者たちに感謝しつつ、急激に崩されていくP高の伝統を思うと、無念で涙が止まりませんでした。

それでも、いやそれだけに、かも知れません。生徒たちの自由と互いを認め合う様子には心救われる思いがしました。個性溢れるさまざまな晴れ姿や、楽しい performance の数々には、素直に歓迎し合う雰囲気があり、会場は大いに盛り上がりました。卒業生たちから在校生に贈ることばは、四人とも体験に基づいた説得力のある共感できるものでしたし、卒業生の「旅立ちの歌」の合唱中、日の丸の前にスクリーンをおろし、思い出のシーンを映し出した演出にも、子どもたちなりの主張が十分に感じられました。

私は自由闊達な子どもたちの姿を見ながら、都教委通達の「厳粛」を求める文言を思い浮かべていました。教師への通達ではありますが、「式にふさわしい服装云々」があったように思います。近い将来、子どもたちにも厳粛な式にふさわしい服装、あるいは国歌・国旗の強制が求められると、このような微笑ましい子どもたちの performance が規制されてしまうのではないかと不安になり、楽しい最中にも、またいっそう泣けてくるのでした。

✣同じ歴史の過ちを繰り返さないために

書棚に三浦綾子著『銃口』があります。一九九四年の作品で「銃口は磨かれ国民に向けられている」と帯に書かれています。小説発表からちょうど一〇年。昨今の教師たちへの処分のありようが、小説での教師たちの検挙ぶりに重なり、再び『銃口』を読み返しました。

戦時中、軍国教師として児童に、天皇の赤子《せきし》として死ぬことを教えていた著者は戦後、教壇を降りますが、『銃口』では戦前戦時の治安維持法下での、北海道つづり方教育への弾圧ぶりが描かれています。それまで自由であった教育が徐々に崩壊・圧殺されてゆく様子に、今の日本の現状を考えあわせ、どうして歴史は同じ過ちを繰り返すのだろうかと、心が痛み改めて三浦綾子さんの見識の確かさに驚いています。

この一〇年でさまざまな法が、実に矢継ぎ早に制定されてしまいました。「国旗・国歌法」「有事法制」「イラク派兵」等々。たった一〇年です。そしてこの波はさらに大きなうねりとなって、今や教育基本法や憲法にさえ「改悪」の照準を合わせています。

教育が危うい、子どもたちが危ない、そう思うのは私だけでしょうか？　教師に国歌を歌えと強要し、子どもたちに歌うよう「指導」せよと強制する。歌わない、歌わせられない場合は処分。このことは、子どもたちの心をひどく脅かすものです。恩師の処分を気遣って、どれほど思考や行動を自主規制せざるを得なくなるものか。教師や生徒一人ひとりの自由な心をないがしろにして、強制を持ち込むことは、自由と民主主義を教える教育の場には、ことさらあってはならないはずのものです。

都教委の教師処分で一番被害を受けているのは生徒たちではないでしょうか。子どもたちは為政者のための教育の道具ではありません。子どもたちには、自由に考え、自由に批判や表現ができる、そしてもっともっと自由で心豊かな時代を築くために、教育を受けさせています。親ができない部分の教育を都に委託しているに過ぎないのですから、公教育の場では、憲法や教育基本法の枠組みを超えてまで、うちの子に勝手な指導をするなと言いたいものです。

子どもへの権利侵害、保護者への権利侵害があれば、生徒やその保護者たちこそが都に対抗すべきではないでしょうか。同じ思いの保護者が一〇人、三〇人あるいは一〇〇人集まれば、裁判も可能なのではないでしょうか。保護者同士の環をもっと広げましょう。私自身、今回の署名活動などの取り組みを通じ、さまざまな立場の方々と知り合え、多くのことを学びました。また思いを同じくする方たちとつながり合うことで元気と力が生まれることを知りました。

学校でのこのような危機的状況を保護者の人たちに伝えていく中で痛切に感じたのは、「知らなかった」という人があまりに多いことでした。時間をかけて丁寧に伝えれば、ことの重大さに共感してもらえることも実感しました。署名呼びかけに対する反応でもしっかりとした手応えをつかむことができました。一保護者・一市民として隣人に伝える草の根的な発信を今後も続けたいと思います。

そしてまた、国歌・国旗のこのような価値観の強制は、再び他国への侵略の始まりにもなりかねないと危惧しています。子どもたちを再び戦場に送ってはならないとの固い決意、教育者としての良心の抵抗ゆえに苦悩する教師たちを、心から支持したいと思います。

「10・23通達」の不当を問う「予防訴訟」という新しい闘い

◉東京都立高校教員　宮村　博

✣かつてない規模の「教育裁判」が始まった

二〇〇四年五月二七日、一一七名の都立学校教職員が原告となって、東京地裁に「国歌斉唱義務不存在等確認訴訟」の第二次提訴を行いました。一月三〇日に第一次として提訴した二二八名とあわせ、三四五名の大原告団が構成されたことになります。

訴訟代理人を受認した弁護団は、学テ裁判、家永教科書裁判を担当した尾山宏氏が団長に立ち、教科書裁判弁護団の最後の事務局長を務めた加藤文也氏が事務局長に座り、総勢四四名が名を連ねる、という強力な布陣です。まさしくかつてない規模の教育裁判が開始されました。

口頭弁論は三月二二日、五月六日、六月一七日、すでに三回行われ、都教委、都側との法廷での闘いが始まっています。都教委、都は「10・23通達」は校長宛に発せられたものであり、教職員に対して命令したものではない等、この間の実態からまったくかけ離れた（都教委の「指導」で苦しめられた各校の校長たちが知ったら、あきれ、怒るにちがいない）強引な論理で、裁判の門前払いを主張しています。また、憲法上の権利といえども、公務員の職務の公共性によって制限を受けるという論理で、「君が代」斉唱時の起立、斉唱、ピアノ伴奏の強制を正当化しようとしています。

✣この裁判で原告が求めているもの

この提訴の被告は東京都教育委員会（清水司委員長）、および東京都（石原慎太郎知事）です。私たち原告側の請求の趣旨は、訴状に、大要左のように記してあります。

一、都教委に対し、各原告が勤務する学校の入学式、卒業式等の式典会場において、会場の指定された席で国旗に向かって起立し、国歌を斉唱する義務のないことを確認する。

二、都教委が原告らに対し、各原告が勤務する学校の入学式、卒業式等の式典会場において、会場の指定された席で国旗に向かって起立しないこと、国歌を斉唱しないことを理由として、いかなる処分もしてはならない。

三、音楽科教員である各原告が都教委に対し、各原告が勤務する学校の入学式、卒業式等の式典の国歌斉唱の際に、ピアノ伴奏義務のないことを確認する。
四、音楽科教員である各原告が都教委に対し、各原告が勤務する学校の入学式、卒業式等の式典の国歌斉唱の際に、ピアノ伴奏しないことを理由として、いかなる処分もしてはならない。
五、東京都は各原告に対し、各金三万円及び二〇〇三年一〇月二三日から支払済みまで年五％の割合による金員を支払え。

右の一、三項は、国歌斉唱時に起立・斉唱・ピアノ伴奏の義務が存在しないこと、つまり、その義務を定めたとする都教委の「10・23通達」が違憲・違法な存在であることの確認を求めています。したがって「10・23通達」は無効であり、それを根拠とした処分をしてはならないことの確認を求めているのが二、四項です。

五項は、文中に「二〇〇三年一〇月二三日から」と書いているように、「通達」が出されて以降、その甚だしい人権侵害の「強制」に直面してきた教職員がこうむらざるをえなかった、そして「通達」が存在する限り続くことになるであろう、精神的、肉体的な損害に対する国・公共団体賠償請求（憲法一七条）です。

❖「予防訴訟」という裁判の可能性

二〇〇三年七月、都議会での土屋議員（民主党）の質疑[注1]を口実に、都教委は「日の丸・君が代」強制強化に向けて対策本部を設置しました。対策会議の文書中の一文は都教委の強い決意を示します。すなわち、

《都立高等学校における「国旗・国歌の適正な実施」は、学校経営上の弱点や矛盾、校長の意識レベル等がすべて集約される学校経営上の最大の課題であり、この問題の解決なくして学校経営の正常化は図れない。》

対策本部の検討事項に「教職員の服務」が含まれたことから、新たに定められるであろう「実施指針」が、処分の脅しをもって「掲揚」「起立・斉唱」の強制を強化する内容になることが予想されました。そして「起立・斉唱しなければ処分」という事態が予想されるのならば、ただいたずらにその時を待ち、不起立・不斉唱で処分を受け、その不当処分の撤回を求めて人事委員会、裁判所で闘うという、従来から各地で行われてきたような運動ではなく、もっと先制的に、そうした不当な「通達・指針」自体の違憲・違法性を司法に問うという運動は成り立たないのかと考える人たちがいたのです。

訴訟は、「事件が現実に発生し、権利侵害が生じてから起こすもの」というのが、日本

の裁判の考え方だそうです。行政処分がされる前に、その処分を定めた規則の当・不当を裁判の俎上にのせること（すなわち予防的訴訟）は、実際上不可能というのが事情に通じた人、おおかたの弁護士や研究者たちの判断でした。

しかし、「長野勤評事件」最高裁判決（72・11・30）は、敗訴となったものの、「事前の救済を認めないことを著しく不相当とする特段の事情がある場合」には、予防的訴訟が適法となる余地があることを確認していると示唆してくれる研究者がいました。この判決時に最高裁調査官が書いた判例解説を紹介します。

《自己の憲法上の権利を侵害するがゆえに、無効と信ずる法令等によりある義務を課せられた者が、その義務の不履行に対する不利益処分のおそれのために心ならずも、憲法上の権利を放棄してその義務を履行するか、それとも、あえて義務の履行を拒否して不利益処分を受けるかという選択を余儀なくされているような場合には、それが真に救済を必要とするものである限り、現実に不利益処分が行われる前であるからといって、司法的介入を拒否する理由はない。》

まるで今回の「日の丸・君が代」強制反対予防訴訟にあてて、そのために書かれたかのごとき解説ではありませんか。

❖第一次原告団は二二八名でスタート

実際に「10・23通達・実施指針」が出され、その教育破壊、人権無視の内容に憤激が高まる中で、なお事前の予防訴訟という手段で闘うことに対する懸念として法律専門家や組合活動家筋から出されていたのは、「トンデモナイ判決を引き出してしまい、いっそう状況を悪くしてしまわないか」という心配でした。「都教委通達が適法」というような判断が下されてしまえば、逆に運動の足を引っ張ることになるというおそれです。

これに踏ん切りをつけさせたのは、いわゆる「ピアノ裁判」[注2]の東京地裁判決でした。判決は、「伴奏を命ずることは憲法一九条に関わる」と言及しつつ、結局は、「思想・良心の自由も、公務員の職務の公共性に由来する内在的制約を受けるから、職務命令が発せられた場合には、儀式的行事に参加し、国歌斉唱することが職務上義務づけられる」と述べて原告の請求を棄却しました。

処分の撤回を求めて事後に争ってなお、この判決です。私たちは、むしろ予防的に違憲・違法性を問うことの積極的意味を再確認しました。

ちなみに、このピアノ判決は都教委を大いに元気づけたようで、直後の校長連絡会で資料付きのレクチャーが行われ、校長たちにハッパをかける道具に使われました。私たちの提訴に対する都教委側の反論である「準備書面」でも、この「公務員の職務の公共性」という理屈が主要な理論的主柱となっています。裁判上の争点の一つとなるでしょう。

かくして「通達・実施指針」後、ただちに開始された周年行事への「強制」攻撃のすさまじさを注視しつつ、二〇〇三年一二月六日原告団結成をへて、私たちの予防訴訟は船出しました。一月三〇日第一次提訴の後の動きは、冒頭に述べたとおりです。

✣「予防訴訟」はしなやかで、したたかな闘い

都教委の「10・23通達」以降、周年行事、卒業式、入学式を舞台に、教育破壊、人権侵害の異常事態が次々と引き起こされました。そして、「不起立、不伴奏」者への見せしめ的大量処分（その中には、嘱託員への採用取消、つまり解雇まで含まれます）が強行されました。また、都議会や教育委員会という公の場において、法の道理も教育の条理もかなぐりすてた乱暴きわまる暴論が横行しています。

こうした状況を見るにつけ、私たちは「予防訴訟」に踏み切っておいてよかったという思いを強く持ちます。もしこの裁判闘争が存在していなかったら、「国旗に向かって起立し、国歌を斉唱する」ことを、自らの信条として肯《がえ》んじえない、あるいは、その「強制」に対して賛成し難いという、〈普通の〉教職員の思想・良心の自由を守る拠《よ》り所が、きわ

めて限られてしまっただろうからです。

都教委は、周年行事で一〇名、卒業式で一九八名、入学式で四〇名に及ぶ戒告処分（一部、減給処分も）を発しました。翌年度の採用内定取り消しという「解雇」に等しい扱いを受けた嘱託員も含まれています。

こうした被処分者の多くは、不当処分撤回の新しい闘いに踏み出しています。世間の注目も被処分者に集まりがちですが、私は、今こそ予防訴訟の闘いの意味が高まっていると考えます。処分の脅しに屈せず「不起立、不伴奏」を貫ける人は、やはりそんなに多くはありません。教室や生徒から引き離されたくないという教職へのこだわりから、また経済的な理由から、「不起立、不伴奏」まではできないという人たちがいるのは当然です。

心ならずも「起立、伴奏」をせざるをえないという状況に追いやられる人たちにとっても、闘いの場が求められています。「職務命令」にただ服従させられ、異議申し立ての場すらもてないままでは、教職員としての精神的自壊にもつながりかねない。実際、そうした事例・状況を指摘する精神医学者もいます。

訴訟という形態で「私は納得できない」という堂々たる意志表示をする、その上で実際の「対処」は柔軟に、という闘いがあってもよい、むしろ大多数の教職員にとっては、そうした性格の闘いこそが必要とされているのではないでしょうか。一度は処分を受けたが、

「不起立」をくり返して職を失うことはできないという教職員にとっても、この闘いは重要です。「予防訴訟」はまさにそのために用意されたともいうべき、しなやかで、したたかな闘いです。

訴訟技術上の制約から、現在は都立学校の教職員だけが原告として訴訟を進めています。しかし、小・中学校においても厳しい状況が存在することはいうまでもありません。弁護団の研究をふまえ、小・中の教職員と共同で進めることができる「予防訴訟」の実現を早急に検討したいと考えています。

前例の乏しい裁判闘争ですが、私たちは意気軒昂です。多くの市民に、そして生徒・保護者に訴え、支持を得ながらねばり強く運動を進めます。

教育の異常を告発することは、私たち教職員の大切な責務の一つであると、ひそかに決意しています。

〔注1〕土屋都議「国歌斉唱時に内心の自由を説明する必要はない。起立もしない教職員が存在する」。横山教育長「司会者が教員に対し、内心の自由について説明することは極めて不適切。教員が起立しないということは、あってはならない。〈都立学校等卒業式・入学式対策本部〉を設置する。式典運営のあり方を含めた国旗・国歌に関する実施指針を新たに作成する」。

〔注2〕　東京都日野市の小学校で「君が代」のピアノ伴奏を断った音楽科の教員に対して、都教委が一九九九年に出した「戒告」処分を不当として闘われている裁判。二〇〇三年一二月三日の東京地裁判決は、「職務の公共性」のひと言で「思想・良心の自由」という憲法上の権利を葬り去った。現在、高裁で継続中。

V

苦悩する教師たち

――その〈2〉

まさに踏絵！クリスチャン教師の懊悩

◉東京都立高校教員　岡田　明

昨秋、都教委から出された「10・23通達」を読んだ時、私は、ついに来るべき時が来た。ああ、これからふるいにかけられるのだなと思いました。その気持ちは、卒業式の前哨戦でもある「周年行事」に対し、都教委が異常とも言えるきびしい監視体制で臨んでいることを新聞で読み、強まりました。

私はつらい二者択一を迫られました。すなわち「不利益を覚悟であくまで自分の良心に従う道を歩むか」、それとも「自分の心を殺すか」です。なぜならば私はどうしても「君が代」を強制されたくない、強制するべきではない、と思って生きてきたからです。以下その理由について二点書きます。

✣「君が代」は天皇への讃美歌である！

第一に、信仰的な理由です。私はプロテスタントのクリスチャンです。大学一年生の時に洗礼を受けました。すでに二〇数年、教会に通っています。

私にとって、「君が代」の起立・斉唱を強制されることは、他の宗教行事に参加を強いられることであり、また自分の信じる聖書の神への裏切り行為とも思え、大変な苦痛なのです。なぜなら私には「君が代」が、天皇を「神」としてあがめる讃美の歌に聞こえるからです。

「君が代が、天皇への讃美歌だなんて、感覚がおかしい！」と多くの人は思うでしょう。しかし、ほんの六〇年前まで天皇は、「現人神《あらひとがみ》」であり、憲法上も「神聖にして不可侵」という存在だったではないですか！

「憲法が変わり、時代も変わった。皇室のあり方も変わった」と多くの人は言います。しかし、日本国憲法で「象徴」とうたわれた天皇の生活は、公私にわたって日々、「神道《しんとう》」という宗教とかかわり、天皇の宗教性は過去とほとんど変わっていないのです。現在の天皇も「大嘗祭《だいじょうさい》」という見事なまでの神道儀礼にのっとって天皇となりました。「大嘗祭」は新天皇が即位に際して行う特別な新嘗祭《にいなめさい》のことですが、その「大嘗祭」のおもな意義は、即位した新天皇が神の霊を受け、神となることだそうです。つまり、天皇は今も「神」の座にすわる存在なのです。

聖書は他の神への礼拝を明確に禁じています。「君が代」の、あの旋律を聴くたびに、私の心は「天皇は異教の偶像だ。天皇に礼拝を捧げてはいけない」と叫びます。しかし、このような心の叫びなど一顧だにしないで、「公務員だったら、起立・斉唱しろ」と「通達」は迫るのです。私は日本が嫌いなわけではありません。日本に生まれた者として「聖書」という規範にたって、私なりの愛し方で日本のために仕え、生きていきたいのです。

✣「日の丸・君が代」の強制はこの社会になにをもたらすか

第二の理由は、「物言わぬ国民作りの道具にはなりたくない」という教師としての志です。

私は社会科「日本史」で採用された教師です。大学では日本近代史を研究しました。歴史を学んで思うことは、異論・反論を一切許さないような社会体制の悲劇です。

治安維持法を軸に構築されていった昭和前半期の日本の社会はまさにそれでした。国家総力戦体制のもとに国民は身も心も、財産もすべて国に捧げるようにしむけられたのです。反対意見を表明しようものなら、当局の弾圧や右翼のテロ、隣組のイジメなどさまざまな恐怖が待ちかまえていました。誰も本音が出せなくなりました。何かを言えば、「非国民」とされたのです。その時、学校は何をしていたのでしょうか！　教師は思想的に空白な児童・生徒たちに「教育勅語」や『国体の本義』にもとづき、日本は天皇が治める特別な国であり、国のために死ぬことは名誉なことだと教えていたのです。「日の丸」「君が代」はこの価値観を注入するための重要な道具でした。教師は日々「日の丸」「君が代」を使い、いわゆる「国体思想」を刷り込んでいったのです。

こうした教育によって育てられたのは、お国のために命を投げうつことを厭《いと》わない、厭えない、人間たちであり、捕虜になるくらいなら自決しようという人々だったのです。こうして日本人兵士、民衆の悲劇のみならず、アジアを中心とする諸外国への多大な被害が生まれてしまったのです。これは教育史の汚点です。そして学校や教師たちがけっして繰り返してはいけない反省点だと思うのです。

✣黙認はもはや「罪」である

昨年の暮れ、教員たちが「通達」に対して「予防抗告訴訟」を起こすという話が伝わり、私はその原告に加わりました。この「通達」に対して自分の立場を公《おおやけ》にしておきたいと思ったからです。

年が明け、卒業式の準備が始まりました。校長が職員会議で「通達」にのっとり、式を行いたい旨を述べました。それに対し、私は上記の二点の理由を述べ、ねじふせるような強制はやめてほしい、これは式を混乱させるために主張しているのではなく、学校はこのような立場・気持ちの人間も受容できる場所であってほしい、と訴えました。

その後、卒業式の役割分担が確定していきましたが、私は開式直後の「君が代」が流れる時間帯は会場外で「保護者誘導」の役割につくことになりました。翌月の入学式でも同じ役割につきましたので、式場内で起立を命じられる場面に直面することを免れました。しかし、不本意ながら会場内で起立した方々、また不起立を貫かれ、処分を受けた方々のことを思うと、忸怩《じくじ》たるものがあります。

しかし、私もいずれは会場内に入る日がやってくるでしょう。そのことを想像するだけで私の心は軋《きし》み、痛みます。

先日、東京地裁で「予防訴訟」の原告として、陳述する機会が与えられました。上記二点の理由を中心に、この「通達」から受けている苦痛や「強制」の問題点を陳述しました。陳述の途中で涙が溢れてきて何度か言葉に詰まりました。泣くなんて自分でも意外でした。しかし、ああ、このような愚かな強制をしているようでは、この国は滅んでしまうと思ったのです。

私はこの国に滅んでほしくないと、本当に思ったのです。そして神がいかにこの国を愛しているかが実感としてわかったのです。その愛が私に溢れたので私は泣いたのです。私にとって闘いはこれからです。私の理屈は宗教にハマっている奴の「たわごと」と思われるかもしれません。歴史をかじった者の「杞憂」だと笑われるかもしれません。しかし、黙認は私にとってはもはや「罪」なのです。この後、どのような苦難・困難が待ちうけているかわかりませんが、神と後世の歴史に恥じないように〝地の塩〟として、私は生きていきたいと思います。

教師人生ただ一度の不起立、許せなかった教育への「強制」

◉元東京都立高校教員　近藤　光男

新宿山吹高校の卒業式は、都立高校の中でも一番おそい。三月二三日（火）卒業式当日、午後二時、開式の辞のあと、私は司会の「国歌斉唱、ご起立ください」の指示に従わず、着席したままでいた。そこへ副校長が回ってきて、小声で「立ってください」と言ってきたが、「立ちません」と静かに毅然と首を横に振った。

式終了後、副校長より「ホームルームが終わり次第すぐに校長室に来てください」と言われ、校長室に行くと、応接室に移され、校長、副校長から、「式の国歌斉唱時に立ちませんでしたね」と事実確認を受けた。「はい」と答えた。

二カ月前の一月二二日、月報機関紙『山吹通信』二・三月号に「退職雑感」と題して、私は次の文章（一部加筆等あり）を寄せた。

✣焼夷弾が残した両足の傷痕

《何かおかしいぞ！

イラクへの自衛隊派遣について、国会をはじめあちこちで議論百出している。

物心ついた頃、体のあちこちが何かおかしいことに気づいた。生まれたのは昭和一八年九月、太平洋戦争のまっただ中。二歳になる前の昭和二〇年七月六日、故郷の甲府が米軍機B29の焼夷弾爆撃を受けた。母の背中におぶさり、近くの小川の土手下に潜んでいた。そこに焼夷弾が転がり落ち、私の両足を焼いた。轟音のなか、隣にいた婦人に「赤ちゃんの足が燃えていますよ」とつつかれて母は初めて気づいたという。その母は、真夏で治療もままならないなか、ウジがわきハエがたかる私の両足からハエを追い、そのウジを箸で一つひとつ取り除いてくれた。生きていたのが不思議と言われた。そして両足にケロイドが残った。自分の責任でもないのに何故？……体の傷は、人の心をも傷つける。でも、生きていたことに感謝している。

小学校六年間、同じ担任のもと、自然教育を中心としたなかで生命の尊さを学んだ。四年生の冬、数人でプラタナスの木皮をおもしろがって剥いだイタズラに、担任は「木が寒がって泣いているぞ、みんなで謝ってこい」と叱ってくれた。このことが、結果的には教員になるきっかけとなり、教員採用試験の論文にも書いた。

高校では、クラブの主将M先輩の影響で、目標を持つこと、継続して学ぶことの大切さを知り、教員になることを前提とした同じ大学への進学をめざした。

✣躰道との出会いで学んだこと

教員になってまもなく習い始めた空手（「玄制流空手道」）が、「躰道《たいどう》」という新しい武道に創造的に改変された。躰道を創始した沖縄出身の祝嶺正献先生の人間性と思想に触れ、体育的な武道としての躰道を学ぶことによって、自らのライフワークとしての目標を確立。躰道を通して生徒と学び、多くの医者や大学教授、政治家や教育者といわれる学者とも交流し、海外への指導にも赴いた。普通の高校教師では体験できないことを数多く経験できたことは、躰道との出会いがあったからといえる。

武道としての躰道を学ぶなかで、武道の歴史についても研究してきた。近代の「殺傷的な武道」から、明治以降の「国防的な武道」、そして、現代のめざす「体育的な武道」の流れのなかで、注意しなければならないのは「国防的な武道」の時代である。

第二次大戦へと駆り立てた国策のなか、昭和一二年一二月三日「武道振興委員会官制制定」なるものが勅令で出された。その中の「武道振興の根本方針及び其の具体的方法」としてこんな内容がある。

「……武道は日本伝統の精神を助長策興《さっこう》する要道《ようどう》にて、武士道は君国《くんこく》の為《ため》死を惧《おそ》れざる献身奉公の道なり。……軍人勅諭《ちょくゆ》の御精神、すなわち武道精神と解す。……一般国民には極力武道を修業せしめ、これを行わざるものは、就職・結婚等に不利益な条件となるようにまで、奨励の方法を深刻に考えうべきなり」

また「武道振興の基調」として、

「武道は国民皆兵たる日本国民の責務として……政府において一般国民に対し武道を修練せしむること。……武道の目標は、単に国外の敵を防ぐにあらず、国内にありても従わざるものを従わすを要す。……」

歴史は繰り返されると言われるが、日本の平和憲法の改悪や教育基本法の見直しなどの問題に注意を払っていかなければ、時代が逆戻りしてしまう。武道を教えようとする人間にはもちろん、武道そのものに普遍性や理念がなければ、真の武道家、真の武道とはなり得ない。

✣「おかしいことをおかしい」と言い続けて

教員になってから、何回か労働組合を脱退した。初めての脱退は、一年目の秋。校内の分会長のひと言でやめてしまったことがある。「九九匹の羊を救うためには、一匹の子羊(妊娠した生徒)を犠牲にするのは仕方ないこと」と退学させてしまった。何かおかしい、と反論したが多数決でだめ。

教育の現場である学校の意見を反映させようと教頭になった。六年でやめてしまった。都立高校増設時につくられた多くの高校は交通の便が悪く、生徒が集まらず、中途退学者が多く荒廃の一途をたどっていた。都教委の方針で「改革」と称し「特色ある学校づくり」が進められ、コース制が導入された。そこに着任し、先生方と辛苦をともにしてコース制の発展をめざし、五年間でそれなりの効果をあげた。その功績(?)をかわれて、当時では一、二番の進学校であるX高校へ転任した。しかし、前任校が都教委の方針によって統廃合でなくなることを聞いた。唖《あ》然とした。今までやってきたことは何だったのか、先生方を励ましてやってきた責任は? 自責の念に駆られた。「降格願」を出して教頭職を降りた。

定年までの四年をこの新宿山吹高校通信制で過ごすことになった。それまでの数年間、病院通いが多かったのが、ぴたりと止んだ。最後の職場となった山吹高校通信制は、教育の原点に戻してくれた。一人ひとりを大切にする本当の教育、個性と自由を尊重し、時間をゆったりとかける教育に、心からこの学校に来てよかったと思う。

たった一人だけの卒業式も何回かあったり、最後のレポートが締め切り時間ぎりぎりで間に合い、卒業にようやくこぎつけた生徒がいたり、思い違いで最後のスクーリングに出ず、たった二単位で卒業を逸してしまった生徒など、さまざまな生徒から沢山のことを学ぶことができた。

還暦を迎えた日、クラスの女子生徒二名が私の誕生日を覚えていてくれて、「還暦のお祝いです」といって、プレゼントをもってきてくれた。そういえば、教員になって初めての年の誕生日以来のことで、最初と最後の年にいただけたことは、教師冥利に尽きるというもの。

そんな山吹に退職後も再任用として勤める意欲と目標があった。しかし、昨年、都教委に対して「おかしいと思ったことをおかしい」と言って衝突したためか、その報復人事にあい、あえなく不採用となり、嘱託を待つ身になってしまった。

「おかしいと思うことをおかしい」と言えない社会は、どこかおかしい。そんな組織や

社会の在り方を少しずつでも変えていければと思う。――04年1月22日記》

✣嘱託を解雇されるまでの経過

■3月17日（水）＝職員会議において校長より、卒業式における国歌・国旗について、都教委からの「10・23通達」をもとに職務命令を出すことになったとの説明があった。数名の教員から職務命令を出すことに対しての反対意見が述べられた。「10・23通達」後の何回かの職員会議で、強制に反対する立場を表明していた私も反対意見を述べ、管理職と対立した。

数日前、副校長より「再任用職員等の任用について」（67～66頁参照）の通知を受け取る。その際、副校長は卒業式の国旗・国歌については触れず、「交通事故等を起こさないようにしてください。もし起こすと採用が取り消されることがあります」と口頭で伝えてきた。

■3月18日（木）＝副校長より、校長名での「職務命令書」が机上におかれた。

■3月23日（火）＝第13回卒業式挙行。強制に反対して起立せず。

■3月24日（水）＝再雇用者説明会の最中に副校長より電話が入り、明日「事情聴取」があるとの連絡を受ける。弁明をする機会とのこと。

■3月25日（木）＝14時40分～15時10分事情聴取。事前に副校長より、弁護士を同席させることはできない、記録（メモ用紙等、テープレコーダーの持ち込み）はできないと言われる。それはおかしいと思い、テープレコーダーを用意して内容を記録した。

■3月30日（火）＝嘱託の発令通知が遅いがどうなっているのか校長に直接聞いたところ、学校事務は「先週末に異動が決まったばかりで、嘱託については遅くても今日中には連絡がくるでしょう」との返事。その一時間後、「都教委から処分の言い渡しがくるので待機しておいてほしい」との校長からの連絡。11時55分、校長室にて、校長同席のもとで都教委代行者二名から、国旗・国歌の職務命令違反に対する「戒告発令通知書」とその「処分説明書」、そして「再雇用合格の取り消し通知」（次ページ）を校長室で渡された。が、この決定に異議を申し立て、不承知であることを代行者に伝えた。さらに、文書受領印を要求されたが拒否し、文書についてもコピーをとったあと、三月三一日に校長の机上に返した。

■3月31日（水）＝同日付の「感謝状」（一四七ページ）が都教委名で届いたが、コピーした後、校長へもどした。数日後、副校長名で処分通知や感謝状が速達で送られてきたが、これも四月七日、都教委へ直接出向き、突き返してきた。

１５[redacted]選第[redacted]号
平成１６年３月３０日

東京都立新宿山吹高等学校
教諭　近藤 光男　殿

東京都教育委員会教育長
横　山　洋　吉

平成１５年度東京都公立学校再雇用職員（教育職員）
選考の合格取消しについて（通知）

今年度の再雇用選考につきましては、平成１６年１月２３日付けで合格の通知をしたところです。

このたび、平成１６年３月３０日付けで、東京都教育委員会から、あなたに対する懲戒処分（戒告）の発令がありました。

このことにより、正規職員を退職する前の勤務成績が良好とは認められず、東京都公立学校再雇用職員設置要綱第５第１項（１）の要件を欠くこととなるため、あなたの合格決定を取り消すこととしたので通知します。

▲３月30日、校長同席のもと、都教委代行者２名から渡された「再雇用合格の取消し通知書」

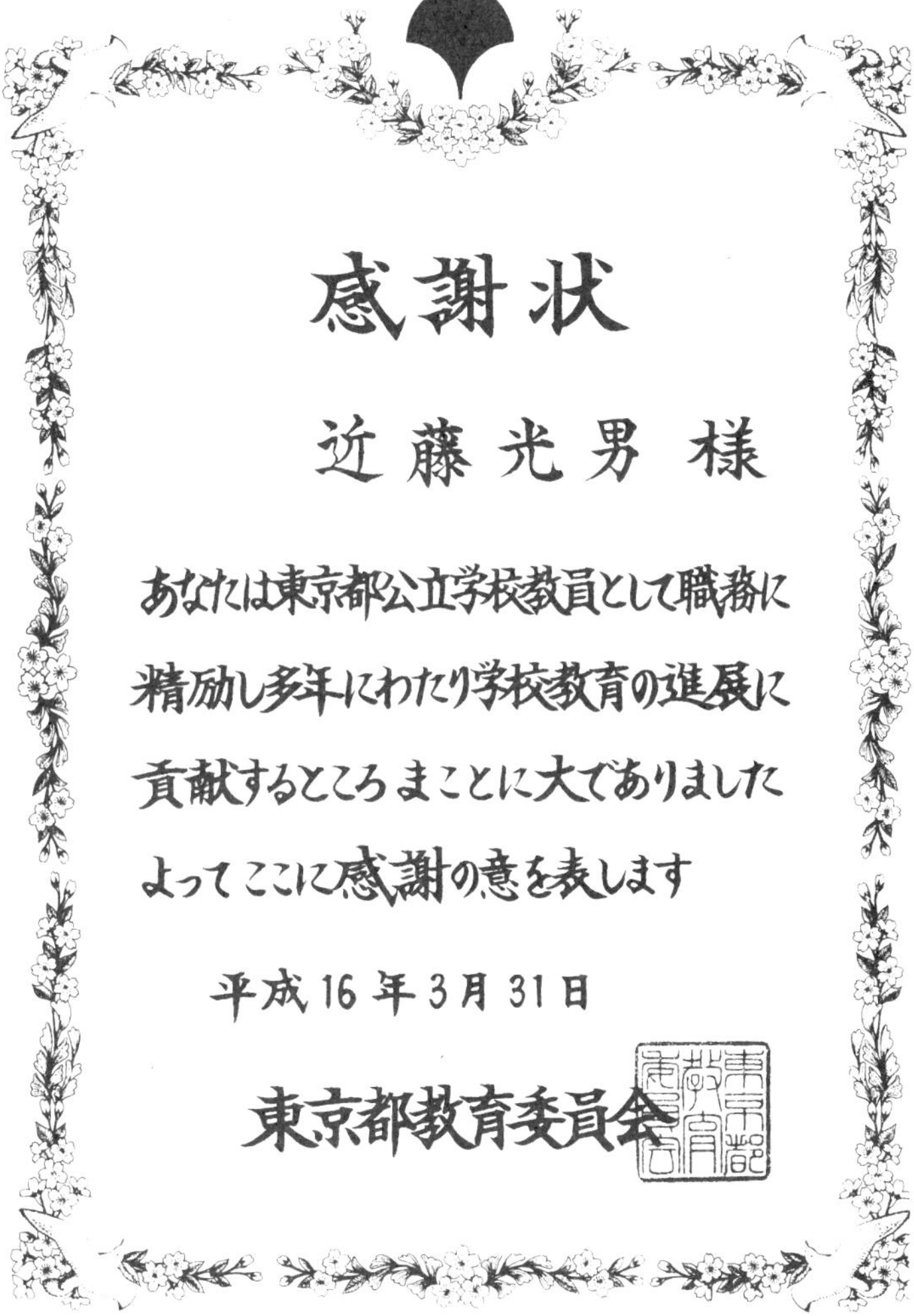

感謝状

近藤光男 様

あなたは東京都公立学校教員として職務に精励し多年にわたり学校教育の進展に貢献するところまことに大でありましたよってここに感謝の意を表します

平成16年3月31日

東京都教育委員会

▲再雇用合格取り消しの翌日、届いた都教育委員会からの感謝状。

✣教育を暗い時代に逆戻りさせてはならない

従来、私は、国旗・国歌に関して、儀式その他の場面において、起立を拒み、歌わないということは一度としてなかった。国旗・国歌の是非はともかくとして、それは、日本国民としての自覚と、「躰道」という武道を通して、国際社会の中で自らの意思をもって、誰よりも胸を張って、堂々と歌うことに誇りをもっていたからだ。

なぜなら、躰道は単なる従来の武道とは異なり、人間のもつ肉体的・精神的可能性を同時に高め、主体的な自己を形成し、それを社会へ還元するという崇高な理念と、真実・正義・仁愛を根本徳目としている創造的な武道だからである。

しかし前述したように、体育や武道は、その性格からして、戦争に一番利用されやすい。いかなる体育や武道もそうあってはならない。国を愛する心を、国歌や国旗によって、あるいは武道等によって、強制的に国民に求めるのは、過去の歴史が示しているように大きな間違いを犯すことになり、国家の計を誤った方向へと押し戻すことになる。

さらに、教育の場において、いかなる理由があっても「強制」という手段をとることは、軍国主義の暗い時代へと教育を逆戻りさせてしまう。憲法を護り、間違った歴史を繰り返さないようにすることが、教育の理念になくてはならない。国や教育委員会は、その責任を国民に果たす義務があるはずである。

そのとき、私が立たなかったのは、国旗・国歌に反対したからではない。「強制」という方法に反対の意思を表すため、そして教育の理念を守り続けるために、教員生活三八年、最後の卒業生を送り出す式で自らの信念を貫き通したのである。

式終了後、最後のホームルームで生徒たちに、「おかしいと思うことをおかしいと言えない時代は何かがおかしい、そんな時代を変えていくためにこれからの人生を歩んでいきます」と伝えた。たくさんの生徒たちが花束を贈ってくれた。現役の生徒や保護者はもちろん、広島に在住している二八年前の卒業生、防衛医科大学校を卒業して地域医療に携わっている卒業生をはじめ一般の方々など、あたたかい支援の言葉を手紙やメールで全国からいただいた。感謝の気持ちを忘れず、一歩一歩前進していきたい。

私がピアノを弾けば、生徒に歌うことを強制する

◉元東京都立高校教員　佐藤　秀彦

今年三月、音楽教師として三七年間勤めた都立高校を定年退職しました。決して自信があったわけではなく、むしろ不安がいっぱいの私が最後まで続けられたのは、素晴らしい生徒や同僚、そして保護者との出会いがあったからだと、心から感謝しています。

教師とはいうものの、本当は教えられることの方がずっと多かったような気がします。だから毎年の卒業式には、卒業生を心を込めて送り出しました。ときには別れの寂しさに、また成長したその姿が嬉しくて涙することすらありました。

今年三月は私にとっても卒業の年でした。そのことを知っている生徒たちが声をかけてくれます。

「先生も私たちと一緒に卒業だね」

「そうなんだ。一緒に卒業できて嬉しいよ」

そして卒業式の前日。

「先生、あした一緒に卒業式に出ようね」

「ウン……」

ところが次の日、私は休暇をとってしまったのです。三七年間の教師生活で、卒業式に休暇を取るのははじめてでした。君が代のピアノ伴奏を強制する校長の職務命令に、どうしても従うことができなかったのです。

せっかく昨日まで話してきた生徒たちを裏切ったようで、すごく辛い一日でした。朝から一歩も外へ出ず、時計を見ながら、さあ卒業生の入場だ、吹奏楽部の生徒は大丈夫かな、さあ、君が代斉唱、先生方はどうしているかな……。三七年間の教師生活がだんだん楽しくなって、さあ定年を迎えようとしているときに、なぜこんな悲しい一日を迎えることになってしまったのでしょうか。

✣紛糾する職員会議、むなしい校長答弁

一九九九年、「国旗・国歌法案」が国会で可決成立したとき、政府は繰り返し、「国民に尊重を強制するものではない」「学校で子どもたちに指導はするが、押しつけるものでは

ない」ことを確認しました。にもかかわらず、翌二〇〇〇年春の卒業式・入学式では、東京都でも日の丸・君が代の実施率が、それまでのヒトケタから九九パーセントにまで急上昇したといいます。

私の学校でも、日の丸は屋上のみで、式が終われば降ろす、君が代は無しだったのが、日の丸は壇上に三脚を立てて、君が代は式次第に印刷してCDで流すようになりました。ただし、校長が予行時に生徒に向かって、また教頭が当日、開式の前に保護者に向かって、「内心の自由」について説明がなされました。

ところが、「10・23通達」が出されて職場は一変しました。職員会議は紛糾しました。日の丸・君が代を認める立場の教師からも、「生徒が主人公であるはずの卒業式に混乱を招くようなものを持ち込まないでほしい」「処分をちらつかせて強制するようなやり方は教育の中では最もやってはいけないことではないのか」等々。

しかし校長の答弁はむなしいものでした。九九年の「国旗・国歌法成立」「学習指導要領」「公務員としての法令及び上司の命令に従う義務」の繰り返しなのです。ある二学年の先生が質問しました。

「私はクラスの生徒の指導をしたいので、クラスに近いところに座ってもいいでしょうか」

「通達」の中に「式典会場において、教職員は、会場の指定された席で国旗に向かって起立し、国歌を斉唱する」（傍点筆者）というのがあるのです。校長は答えました。

「国歌斉唱が終わってから移動してください」

これにはみんな失笑してしまいました。前奏を入れてもたった一分にも満たない君が代を、日の丸に向かって直立不動で歌わせたいがためのこの「通達」、あまりのバカバカしさに、かえってその裏にある狙いの恐ろしさを感じてしまいます。

✣ピアノ伴奏をめぐるやりとり

ある日、私は校長に呼ばれました。校長室では正面に校長が、私の右側の椅子には教頭が、二人に向き合うように座り、メモを取る。これがいつものパターンです。さて、話は簡単な用件のあと、

「ところで先生には卒業式で国歌のピアノ伴奏をお願いしたい」

やはりこの話でした。私は従来通り君が代に対する思いを話し、続けてこう言いました。

「私がピアノ伴奏をすれば生徒に歌いなさいと強制することになります。自分の歌えない、歌いたくない歌を生徒たちに強制することはできません」

すると校長は、なんとこんなことを言ってきました。

「先生の場合は定年退職を控えているということで、他の先生よりももっとむずかしい問題があります」

「それは処分のことを言っているのですか」

「そうです」

「具体的にはどんな処分が考えられるのですか」

「それは私にもわかりません」

当時、私は事務室から再雇用申請の用紙をもらっていましたが、家庭の事情もあって躊躇していました。しかしこの校長の言葉で提出を断念したのです。悲しかったです。本来校長とは、私たち職場の代表であったはずです。共に生徒たちの教育を守るべき仲間であったはずです。これだけ職員が悩み、怒り、苦しんでいるのを見れば同じ立場に立ってたたかうべき人ではないのか。そこを分断して対立させる。これは都教委の、というより、昔から権力者が使う常套手段じゃないですか。

私は職員会議でも、校長室でも何度も訴えました。

「校長、どうか本音を聞かせてください。校長だって本当はこんな理不尽な都教委のやり方に怒っているでしょう。怒りといかないまでも迷惑に思っているのは事実でしょう」

しかし答えはありませんでした。校長の良心に訴えるのは甘かったようです。それならば、私も処分に対して何か対策を考えねばなりません。校長に言いました。

「今後この話で呼ばれたときは会話を録音しておきたいのでよろしいでしょうか」

校長はウーンという顔をしてから、メモを取るのはかまわないが、録音は困るとのことでした。しかし今後どんな処分が起こるかもしれない。それによってはたたかわなければならない場合もありうる。そのためには校長との会話も事実の記録として残しておきたいと言いました。最終的には、もし利用するようなことがあれば、校長にもテープを渡すということで合意しました。

その後、二度ほど校長室でテーブルの真ん中にカセットレコーダーを置いて話し合いをしましたが、なぜかいつもより声が小さかったようで、少しおかしかったです。

✣都高音研会長から届いた「通達」

そんなある日、東京都高等学校音楽研究会（都高音研）の会長名で「入学式、卒業式における国旗掲揚及び国歌斉唱の実施について」という文書が届きました。卒業式をあと一カ月足らずに控えている二月一六日付でした。そこに書かれたあった文面を読んで、私は呆然としました。少し長くなりますが、その一部を紹介します。

《……現在、我が国では、国歌についてさまざまな立場からの意見があります。先生方お一人一人も、国歌に対してさまざまな思いがあることでしょう。また、音楽科教諭のみなさまは、国歌を指導し、ピアノ伴奏をする当事者として、他の教科の先生方とは比較にならない緊張を強いられる立場であることもまた事実であります。高音研会長として、いかに各先生方を支え援助してゆくか、真剣に考えているところです。

万一、各都立高等学校における入学式、卒業式等において、式進行の要となる音楽科教諭が、個人的な思いにより、学校長による職務命令を逸脱した行動を取り、厳粛であるべき式の流れを妨げるようなことがあれば、参列者の期待を裏切り、都民に対する都立高等学校教育の信用を失墜させるばかりか、これまで、全日音研高等学校部会を牽引してきた都高音研の成果は瓦解し、その結果、将来の都立高等学校の音楽教育の地位そのものを危うくする行為となるでしょう。こうした混乱が、これまで営々と築いてきた都立高等学校の音楽教育の汚点となることは、高音研会長としてまことに慚愧《ざんき》に耐えません。

高音研の会員たる音楽科教諭のみなさま、高音研の会則第二条には、会の目的として、「東京都高等学校音楽教育の向上発展に寄与する」とあります。この文書が、真にこの目的にかなうものであるかどうかについては異論のあるところでしょう。しかし、こうした文書を出さざるを得ない、音楽科を取り巻く困難な状況をぜひご理解ください。そして、小異を捨てて大同に就いていただきたいと切に願います。……以下略》

「我が国では、国歌についてさまざまな意見がある。教師だってさまざまな思いがあるだろう。会長として、そのような先生方をどう支え援助してゆくか真剣に考えている」と言いながら、その一方で、「音楽科教師が個人的な思いにより、職務命令を逸脱することは許されない」「小異を捨てて大同に就け」というのです。なんという矛盾、なんという混乱でしょう。私はこの文章を読んで一瞬、言葉を失いました。思えば芸術とは「個人の思い」を最も大切にするものではないでしょうか。「個人的な思い」を音楽で、絵画で、そして文学で表現するのが芸術だと思うのですが。

✣校長からの最後の電話

さて、話を私の職場に戻します。

卒業式にどう対応するか、職場でも何度も話し合いました。ピアノ伴奏の私のこともいろいろ心配してくれました。

「先生の退職祝い球技大会をやろう。そこで先生が突き指をして、当日、包帯をぐるぐる巻いて来るのはどうだろう」

こんな明るい冗談も出ましたが、卒業式がどんどん近づいてきました。

いよいよ三月に入り、職務命令書をもらいました。私の命令書は君が代のピアノ伴奏付きです。受け取り拒否の予定を変更して黙って受け取りました。

「弾いてくれますね」という校長に対して、「考えておきます」と私。この会話を卒業式の前日の夕方まで繰り返して、さていよいよ当日。

朝八時過ぎに学校に電話を入れました。教頭に休暇を告げると、すぐ校長に替わり、「どんな症状だ、熱は何度だ、ピアノ伴奏拒否のための休暇じゃないんだな」と矢継ぎ早の質問。その後二度電話があり、九時の電話で、「いま出てくれば間に合う、起きられないか」「無理です」が最後になりました。

布団の中で何もせず、いろいろ考えているうちにだんだん時間がたっていきます。そろそろ卒業式が始まる頃だなあ、というところで冒頭の部分に戻るのです。

これで良かったのかなと多少疑問も残りますが、私の教師生活最後に起きた、なんとも後味の悪い出来事でした。

開式直前まで迷い苦しんだ卒業生担任の私

◉東京都立高校教員　久慈　洋亮（仮名）

二〇〇四年三月一二日（金）は、私が勤務している高校の卒業式の日でした。教職員はいつも通りの八時半登校、生徒は九時登校、保護者等の受付は九時半から、卒業生の式場入場は九時五〇分から、式典は一〇時からとなっていました。私の自宅から勤務先までは約一時間かかります。ですから、いつもは七時一〇分頃には自宅を出るようにしていました。しかし、この日は違いました。八時をまわっても、まだ自宅にいました。

✣卒業式の朝

ほとんど眠れないままいつもの時間に起きて、朝食も軽くとったのですが、胸の中は鉛《なまり》を飲み込んだように重く、頭痛もひどくて、どうしても家を出る気になれないのでした。食事後しばらくしたところで、妻に「今日は家にいるからね」と伝えました。妻は「どうして?」と問いました。それへの答えとして、前日の卒業式予行の日にクラスの生徒諸君に配布した『卒業文集』を見せました。そこに私は、社会のありように関心を持ってほしいことや、私なりの現状認識を記していました。その現状認識の主な内容は次のようなものでした。

——アメリカ合衆国は勝手な「正義」を旗印に、自国の利益を最優先にしたごり押し政策を実行している。日本はそれに追随して「普通に戦争ができる国」を目指しての政策が目立つ。住基ネットは国民管理のために動き出した。自衛隊を戦闘状態が続く海外に派遣することが強行された。憲法や教育基本法を改定する動きがある。東京都教育委員会は「日の丸」「君が代」の強制をしている。「日の丸」「君が代」にこだわる人は「普通に戦争ができる国」づくりを考えている人としか思えず、それらを強制することは、憲法や教育基本法に違反する。そうしたことを考えると、私はせっかくの卒業式にも喜んで出席する気にはなれないのだ、と。

妻はその文章を黙って読みました。読み終わると、

「でも、今日は卒業式の日でしょう。行かなければいけないんじゃないの。あなたのクラスの生徒たちにとっては三年間の締めくくりの大事な日なんですから」と言いました。

妻には、二月はじめ頃にこの件で一度、次のようなことを話していました。

――今度の卒業式は、都教委が校長に職務命令を出し、校長は全教職員に職務命令を出す異常なものだ。「日の丸」を式場正面に掲げ、「君が代」を斉唱せよと言われている。教員も座席指定される。その職務命令が守られているかどうかを確かめに、各校に都の役人がやってくる。職務命令に従わない場合には、処分をすると言われている。

それを聞いても妻は、「へえ、そんなことを東京都はするの」としか反応しませんでした。それでも私は、妻はわかってくれているものと思っていました。それが、この日のこの言葉です。改めて、順を追って説明する必要を感じました。

✣妻に語った東京都の教育行政

「今回のことは、日本の教育の根本にかかわる重要な問題で、大変な一歩を都教委は踏み出した。『日の丸』『君が代』が『国旗・国歌』と定められた時には国会での政府答弁では『強制するものではない』と言われていたのに、東京都が『職務命令』という形で強制するのはおかしいだろう」

「それでも、あなたは東京都に雇われているのだから……。そして私たちはそのおかげをこうむっているんです。仕事というのは、そういうつらさがあるものじゃありませんか」

と引き下がりません。

——そういう狭い考え方ではなく、その仕事がどういう意味を持っているかまで考えないといけないのではないか。太平洋戦争中に、兵隊が上官の命令で捕虜を銃剣で刺し殺してしまったということがあった。そんな状況と今日の東京の状況は同じといっていいのではないか。不当な職務命令に従うことは、自分の良心を殺し、とんでもない状況づくりに荷担することになってしまう。

石原都知事になってからの都教委のやり方は、「目的のためには手段を選ばない」強引さに特徴がある。学校の事実上の意思決定機関であった職員会議を校長の諮問機関に格下げし、民主的な学校運営をつぶした。「自己申告書」「キャリアプラン」「年間授業計画」「週案」の提出を求め、管理職による授業観察・面接によって業績評価を行なわせ、教員の選別をすすめた。試験によって任用される「主幹」を置き、中間管理職としての仕事を担わせ、より管理を強めた。教員の定期異動実施要綱を改め、校長の意に染まない教員はいつでも異動可能にした。

さらに教科書採択にあたっては、各学校に「教科書選定委員会」で論議をして校長が決定するシステムにされた。これが徹底されると、特定教科書の押しつけもされかねない。そして今度の「日の丸」「君が代」の強制。これによって国家主義的な愛国心を押しつけ、教師も生徒もロボット化し、「お国のために命を投げ出す」人づくりを可能にしようとしているかに見える。しかもそうしたことを、「言うことを聞かないと処分するぞ」と恫喝によって推し進めている——。

✣間に合った生徒の呼名

ざっと、以上のようなことを妻と話しているうちに、八時二五分になってしまいました。この時刻に、私は教頭に電話をするつもりでいました。しかし、妻との話し合いの決着がまだつきません。いま自宅を出れば卒業式には間に合いますが、卒業生の登校時刻には間に合いません。その生徒たちの指導をする人が必要です。どうしようかと考え込みました。

そんな私の様子に妻はようやく、

「それじゃあ遅れて行って、あなたのクラスの生徒の呼名には間に合うように登校することにしたら」と言ってくれました。

「よし、じゃあ、それでいこう」となったのは八時半でした。学校に電話しました。

「教頭先生ですか。久慈です。今朝から頭痛が激しくて、まだ自宅にいます。それが治まり次第登校したいと思っています」と伝えました。

実際、今回のことは頭痛の種で、最後の最後まで悩まされました。それからしばらくして自宅を出、電車を乗り継ぎ、最寄り駅に着いたのは九時五五分頃でした。そこから学校までは歩いて一五分です。「君が代」の斉唱は卒業生入場の後、「開式の辞」の直後です。その後に一組からクラス担任が卒業生の呼名をします。私は五組でしたから、一〇時一五分頃に呼名することになると予測しました。「国歌斉唱！」と主幹が唱え、音楽の先生が職務命令に従いピアノ伴奏をし、教師が「日の丸」に向かって起立して「君が代」を歌っている時、私はまだ学校に向かって歩いている途中でした。

学校に到着したのは一〇時一〇分頃でした。コートを脱いで、体育館に向かいました。式場のアリーナ入口で立ち止まり、式場内を見渡しました。校長が壇上の演台の向こうに立ち、二組のクラス担任の先生が呼名をしておられました。私は、その呼名が終わったところで式場内に入りました。吹奏楽部の生徒諸君の前を通り、式場正面に向かって左の壁際を進み、教職員席を目指しました。教職員席の最後列の隅に見馴れない女性が座っておられ（都の指導主事）、その隣りに教頭が座っていました。教職員席はきちんと埋まっており、空いていたのは教頭の右隣りの席一つのみでした。

私は教頭の脇に立ち、「来ました」と伝えました。教頭は立ち上がり、「もう頭痛はいいですか。呼名できますか」と質問しました。私は、やや力なく「なんとか」と答えました。教頭はその後、教職員席の前に別に設けられた三年担任席のところに行き、五組担任席ていました。

の先生の肩をたたき交替を伝えました。私の代わりを五組副担任の先生がしてくださっていました。

呼名簿を受け取り、私がその席に座りました。式は厳《おごそ》かに進行しました。心を落ち着かせ、呼名順を待ちました。三組、四組の呼名が終わり、私の番になりました。ゆっくり立ち上がり、呼名台のマイクの前に立ち、クラスの生徒の名前を読み上げました。

無事全員の呼名を終えて席に戻りました。式は進み、来賓席の最前列に座っていた教育委員会の課長の「祝辞」等という前年度まではなかった話があったりもしました。しかし、卒業生答辞で、沖縄修学旅行の平和学習のことなどに触れ、「普通に戦争ができる国にはしたくありません」などと聞くと、涙が次から次へと溢れ出ました。

式が終了し、クラスの生徒諸君と一緒に教室に入りました。その途端にクラスの生徒から「いつ来たの？」「驚いた」「うれしかった」などの声が発せられました。来て良かったと思いました。

苦悩の末の起立、教職員を追いつめる「強制」に怒り

◉東京都立養護学校教員　青戸　正矢（仮名）

✣「日の丸・君が代」私にとっての原点

私にとっての「日の丸」「君が代」の原点は中学時代にあったと思っている。今から三〇年以上も前のことである。当時、私が通っていた地方の中学校では、毎朝「君が代」が流され、「日の丸」が掲揚されていた。「君が代」の音楽が流れている間は、学校のどこにいても「気をつけ」の姿勢で直立不動でなければならなかった。しかし、このことに違和感を持つことはなかった。そうするのが当然だと思っていたからである。

ひとつだけ覚えているのは、皇太子（今の天皇）が近くの施設に見学に来た時のことである。生徒全員で皇太子の車に旗を振ろうという担任の話に、私はなぜか反対した。その

ことに深い意味はなかったが、担任や先生方にひどく怒られた。そして教室に戻り、泣いていた。いま考えてみると、「日の丸」「君が代」に反発を覚えるのはこの出来事があったからだと信じている。

✣誰も起立しなかった四年前の卒業式

私がいちばん記憶に残っているのは二〇〇〇年三月の卒業式である。このとき、私は定時制高校に勤務していた。

昭和天皇が死去したころから「日の丸」を掲揚しようとする動きが強まり、一九九九年夏、多くの反対の声を押し切って「国旗・国歌法」が成立した。東京都教育委員会は秋に通達を出した。

三月に入り、各学校での卒業式の様子が新聞などに報道され、「日の丸」「君が代」に反対する教職員や生徒の活動が紹介された。これに危機感を待った管理職は「式の中で内心の自由について発言は認めない」『国歌斉唱』の発声とテープ操作は教員がやる」という提案をしてきた。校長は「職務命令を出してもいいんだ」と自分の考えを押し通そうとしたが、何回も話し合い、最終的には式の始まる前に「内心の自由」について話すことができ、発声やテープは管理職が行うことになった。

教頭の「国歌斉唱」という声とともに「君が代」の音楽が流れたが、教職員・生徒・保護者はだれも起立しなかったし、歌わなかった。管理職の歌声だけがむなしく響いていた。私は司会担当だったので、式の話し合いから式が終わるまで胃の痛くなる毎日だった。式が終わった時、肩の力が抜けていった。

式の後、事務室に行った時、校長に会った。開口いちばん、校長は私に、「なぜだれも立たないんだ。おまえら何かやっただろう」と怒鳴った。突然のことで驚いたが、私も言い返した。興奮していたので、何を言ったかよく覚えていない。後になって気がついたのは、校長は自分の立場だけを考えているということだった。学校が都の言いなりになり、管理職がその先頭に立つという図式がよく理解できた出来事だった。

✣断ち切られた〝心の交流〟

「10・23通達」が出されてから、私の勤務する養護学校で起こったことを書いてみたい。「通達」について校長は、「こうなりました。この通りやります」という説明しかしなかった。「内心の自由」については、「もう何年も話しあってきたこと。もう話すことはない」。保護者への説明は「必要があればやる」という姿勢で、教職員や保護者に説明し、納得してもらおう（納得させられないだろうが）という姿勢は全く見られなかった。問答無用――

それが今回の通達の特徴であった。

私の勤務している知的障害を持つ生徒の養護学校では今でも、壇上での卒業証書授与が行われていた。「日の丸」「君が代」も式の中に存在していた。しかし、式はとても素晴らしかった。養護学校で大切にされていることは、「子どもが主人公」ということである。フロアで卒業生と在校生は向かい合い、お互いの顔がよく見えていた。その間も卒業証書を持って歩く卒業生の誇らしげな顔。在校生も、自分たちもあのようになりたいと思う式であった。

それが、今年は大きく変わった。卒業生と在校生が向かい合うのは「送ることば」と「別れのことば」の場面だけになった（ちなみに入学式では歌の時だけ）。卒業生から遠く離れ、顔もよく見えない状態で約二時間の式に出席している在校生たち。在校生にとって卒業式はどういう意味があるのか問われなくてはならないだろう。「厳粛な式」と言うが、それは大人の視点であり、生徒にとって何が大切か全く欠落している。在校生はじっと耐えろということなのだろうか。卒業生と在校生の心の交流は断ち切られてしまった。

✣起立しなかった人の苦悩

そして「国歌斉唱」。指定された席に座ることが強制され、司会の声とともに教頭が近づいてくる。後ろでは指導主事がチェックしている。私は歌わなかったが、座ることはできなかった。座ることが職場にどのような混乱を起こすかわからなかったし、職場や保護者から支持されるかどうかもわからなかった。それは、自分自身の弱さでもあった。教職員の中にも「おかしい」と思っている人はいたが、どうすればよいかをきちんと明らかにすることができなかった。日頃の職場での活動が弱かったということである。

教員が自由に発言して教育活動ができ、集団で教育に当たるとき、生徒が自由にのびのびと成長できるのである。おかしいことを「おかしい」と言えない状況ではよい教育を行うことはできない。今回の「通達」は、教職員にとっても生徒にとっても苦痛を与えるものでしかなかった。卒業式で起立しなかった方の話を聞く機会があった。その方は、「自分の思いで起立しなかったが、くり返すと子どもや職場から切り離されてしまう。入学式ではやらないと答えるしかなかった」と話していた。

教職員をこのような思いにさせ、強制する人たちに、本当に怒りを覚える。教職員だけでなく、保護者や市民からも反対の運動が始まっている。憲法にも反する「通達」に反対し、処分撤回などの運動にも関わっていきたいと思っている。

生徒の"内心の自由"にまで介入した都教委の"暴挙"

◉東京都立高校教員
芳沢　真穂（仮名）

✣突然の都教委調査、口頭の「職務命令」

それは、卒業式が終わって一〇日ほど経った時でした。臨時の職員打ち合わせ（職員会議ではなかった）が招集され、校長が都教委からの一片の通知文を読み上げ説明しました。

「……卒業式における不適切な事柄……の調査……？？？。不適切とは、国歌斉唱時に教員の不起立者がいたことと生徒の多くが不起立であったということです。校長である私も教頭も調査対象とされています。この書類をコピーして皆さんにお渡ししようと思いましたが、これは校長に当てたものであるために、コピーして配ることはふさわしくないという指導がありましたので、お配りすることはできません」（……は口頭であったために、何と言ったのかが不明なのです。)

何を言っているのかよく聞き取れませんでしたが、これを聞いたとたんに思い浮かんだのは「不適切な性教育」という言葉でした。ここでも使われている「不適切」とは、独特な言い回しです。校長は、自らも調査対象とされているのに、「この調査に応じるように、各該当の先生方には、校長として口頭での職務命令を出します」と言いました。

「職務命令」は、拒否すれば処分ということです。卒業式での不起立者の処分も根拠はこの「職務命令違反」ということですから、教員は金縛りに遭いました。そして、該当の教員には「事務連絡」という一片の紙切れが渡されましたが、そこには、それぞれ個人別に指定された時間と場所が書かれているだけでした。管理職以外で調査対象とされた教員は、卒業学年の担任、生徒指導部長(主任)、生徒会担当者です。調査が行われた時期は卒業式も終わり、ちょうど学年末、各学校では成績会議・職員会議などの予定が入り、それぞれ慌ただしい頃でしたが、都教委はそれぞれの学校で決めた成績会議や職員会議の予定を変更させて、この調査を最優先して強行しました。

「なぜ調査をするのですか? この調査の根拠は何ですか? 生徒のプライバシーに関わるようなことでないなら、一人ずつ個室で聞かれる必要はないのではないですか?」

さまざまな疑問に対して校長は、「通知文を読んだとおりであり、それ以上のことは都教委に聞いてくれ」という返答を行うのみでした（しかし、当日、都教委の調査官に質問すると、「校長先生から説明されたはずです。校長先生に聞いてください」と言うのです）。

✣卒業式で生徒の不起立も監視していた指導主事

この事件も、三月一六日（火）都議会での民主党土屋たかゆき都議の質問から始まっています（「10・23通達」も、この土屋都議の都議会質問を皮切りにスタートしています）。

三月一一日、都立板橋高校の卒業式に出席した土屋都議は、教員が全員起立しているにもかかわらず、生徒の多くが不起立であったことに腹を立てて、式の始まる寸前、同校を定年退職した元教員が保護者に都教委の方針を批判的に報じた雑誌のコピーを配ったことを理由として、教員が生徒を煽動したと言い立て、人事部・指導部合同による調査委員会を設置するよう都教委に求めたのです。

不思議なことに、この一都議会議員の発言を受けて、都教委では速やかに調査委員会が設置され、発言から三日後の三月一九日（金）には板橋高校で調査が行われました。しかもこの事態は板橋高校だけに留まらず、二二日（月）、二三日（火）と、七～八校の都立高校で「生徒の多くが国歌斉唱時に不起立であった学校」として調査の手が入るという事件へと発展していったのです。

しかし、都教委は、土屋都議の発言があったから、国歌斉唱時に起立しなかった生徒が多い学校を調べ始めたわけではありません。「10・23通達」に基づいて、不起立教員のチェックに来た指導主事たちが、板橋高校と同日に卒業式が行われていた他の学校でも、生徒の不起立者の数（割合）を、すでに都教委に報告していたことが分かりました。

体育館などで行われる卒業式では、それぞれの座席の位置から、生徒全体が見渡せるわけではありません。しかも今年は、都教委からの「10・23通達」に基づき、すべての席が「日の丸」が掲揚されている壇上正面に向かうように会場設営するように指導されていたのです。「国歌斉唱時に国旗に向かって起立し、国歌を斉唱する」ことを強制されている教職員には、どれだけの生徒が起立しているかいないかなどは分かるはずがありません。

「私には見えなかったのですが、国歌斉唱時に座っている生徒が多かったというのは、いったい誰が言ったのですか？」という素朴な質問に対して、都教委から来た調査官は、「卒業式に派遣された指導主事から報告がありました」と答えたのです。

✣思想チェックさながらの〝密室調査〟

「不適切な事柄」という名目で調査が入った当日、対象とされた教員はメモを取ることさえ禁止され、犯罪者のように調書を取られました。ただ、鉛筆を手に持って話を聞いていた教員に対して、「メモはしないでください。その手に持っているペンを置いてください」と威圧してから、調査官は話を始めました。マニュアルはできていたようです。

調査官は指導部の指導主事たちでした。「この調査の法的根拠は『地方教育行政法23条』[注]教育課程の調査だ」と説明しましたが、そこから、こんな人権侵害に相当する調査が可能だとする根拠がどのようにして出てくるのでしょうか。この密室で行われた教員に対する質問は、教員個人の思想チェックとパワー・ハラスメント（権力による嫌がらせ、権力的脅し）の内容でした。

「不起立の生徒が多かったことを見て、あなたはどう思いましたか？」

教員の内心を明らかにするように迫っており、憲法一九条に違反する思想チェックです。

「自主性を持った生徒が多いと思った」と答えれば、国歌斉唱時に生徒が座っていたのは、この教員が「生徒を煽動したからだ」と言われかねない圧力がかかっていました。

「内心の自由について、生徒に説明しましたか？」

「生徒に、国歌斉唱の時に立たなくてもよいと言いましたか？」

「生徒が起立するように指導しないことは、学習指導要領違反だと思いませんか？」

学習指導要領にさえ、生徒に対して「起立する」ように指導せよとは書かれていないのに、生徒を起立させなければ学習指導要領違反だぞと脅すような内容です。

「あなたが生徒に国歌を斉唱するように指導したのに、生徒が国歌を斉唱しなければ、あなたは指導力不足ではないですか？」

このように詰問された教員は、「生徒に国歌斉唱するように指導しなかったと言えば、学習指導要領違反とされ、国歌を斉唱するように指導したと言えば、指導力不足教員と言われる。国歌斉唱をしない生徒が出たら、教員は逃げ道もなく、大変なところに追い込まれることになるのだ」と恐怖しました。

ふだんの会話なら、「授業だって、これだけの時間では学習指導要領通りに全部できるわけないよ。学習指導要領違反というなら、みんな学習指導要領違反じゃないか？」「学習指導要領通りにやろうとすれば、みんなが指導力不足教員になってしまうんじゃないの。学習指導要領は大綱にすぎない。形ばかりに囚われて、目の前の生徒に合わせた指導ができないことが指導力不足ということになるんじゃないですか？」

などと言うところですが、ここではそんな会話も許されない状況です。「下手なことを言って処分されたら大変だ。これ以上突かれて、他の人に迷惑をかけてはならない」などという思いが先に立っているので、何も反論できないところに追い込まれているのです。

物言わぬ教員をつくる最後の詰めが、今ここまできてしまいました。

✣まさかの〝処分〟生徒の不起立は教師の指導不足とは！

いま東京の公立学校では、まったく考えられないことが次々と起こっています。都議会やマスコミなどで学校名が出され、学校の周辺で右翼の街宣車が大音響を立てるというような事態に巻き込まれた都立板橋高校以外で、調査対象とされた学校では、調査を受けた教員でも、「自分はさほど追及されなかったし、問題になるようなことは何も出てこなかったので、イヤな思いをさせられたけれど、うちの学校では今後、何も問題にされるようなことはないだろう」などと思っていた人も少なくはなかったようですが、五月二五日、都教委は、「まさかの〝処分〟」を発表しました。

卒業式・入学式で国歌斉唱時に生徒が起立しなかったのは、教員の指導不足であるとして、都立高校八校で、校長を含めた教員五七人に対し「厳重注意」「注意」「指導」の三段階の〝処分〟を行ったのです。都教委は、これは〝処分〟ではなく〝指導〟であるとして、訴訟裁判などでの自らの責任を回避しようとしていますが、人事考課や異動での不利益や、人権侵害を行うことが予想される研修が存在するわけですから、「厳重注意」「注意」「指導」などは、最も陰湿な〝不利益処分〟にほかなりません。

しかし、それでも満足できない横山洋吉教育長は、六月八日の都議会で生徒が起立して歌うことを教職員が指導するよう求める職務命令を、都立高校などの校長に出させる考えを示しました。生徒が起立しなければ、今度は教員をはっきりと懲戒処分にする方針です。

✣「生徒に判断力はない」と決めつけている都教委

そもそもこの調査は、「生徒には自主性、思考力・判断力がなくて、自己決定する権利がない」ということが前提となって進められました。だから、国歌斉唱時に不起立だったのは、「教員の恣意的な指導・煽動によるものである」と決めつけて、教員がどんな指導をしたのか、どんな指導をしなかったのかと問いただしているわけです。これは、生徒をバカにし、生徒の人格を否定しているからこそ行った調査です。生徒の人格を否定するが故に教員を問いただし、パワー・ハラスメントを行って教員の人権を侵害し、そのことにより生徒の自主的判断を抑圧していく構造です。

しかも、この調査で、教員の指導の仕方と生徒が起立しなかったことの因果関係がつかめなかったにもかかわらず、〝結果責任〟として、教員と管理職に責任をかぶせたのです。そして次の卒業式では、これをより強化していく方針を明らかにしました。〝前代未聞の都教委の暴挙〟が次々と更新されていく現状の中に私たちは置かれています。

最終的には、都教委の命令通りに動く校長をつくり、校長の命令通りに動く教員をつくり、教員の命令通りに動く生徒をつくり上げれば、それが秩序ある学校であるという思想に基づき、〝処分〟が連発されているのです。これこそが、時代錯誤の学校観・教育観であり、人間の成長・生命そのものをも否定していく思想へとつながっています。

もはや、東京の公立学校は、「わが国全土にわたつて自由のもたらす恵沢を確保し、政府の行為によつて再び戦争の惨禍が起ることのないようにすることを決意し、ここに主権が国民に存することを宣言」した日本国憲法も、「個人の尊厳を重んじ、真理と平和を希求する人間の育成を期する」とした教育基本法も、国際的な合意を得ている『子どもの権利条約』も無視された場所となってしまっています。

このような教育行政のあり方は、決して許されるべきものではないと思います。

〔注〕「教育委員会の職務権限」を規定した項。「五、学校の組織編制、教育課程、学習指導、生徒指導及び職業指導に関すること」

VI

何が問われているのか

いま抵抗しなければ、歴史が逆転させられる

◉「予防訴訟」弁護団　澤藤統一郎

　これまで「自明」であったはずの原理が揺らいでいる。平和主義も民主主義もそして人権も。とりわけ、この国の将来を決する教育のあり方が異常である。

　――戦前は野蛮な時代だった。権力に不都合な思想そのものが弾圧された。人間の尊厳が顧みられることはなかった。しかし、あれは旧天皇制下の特殊な出来事であって、今とは違う。人類普遍の原理を掲げた現行憲法の下、あの非合理な時代の再現はまさかないだろう。

　つい先頃まで、私はそう考えていた。しかし、今は違う。これはたいへんなことになってきた。このままでは歴史の歯車が逆転しかねない。

✣よみがえる四〇〇年前の悪夢

どこまで歴史は遡るのか。まず一九世紀へ。一八九一年第一高等中学校の教員であった内村鑑三は〝不敬〟を理由に職を追われた。

新年に教育勅語奉読式が行われ、教員と生徒全員が勅語に記された明治天皇の署名に対し「奉拝」することを求められた。しかし、鑑三は信仰上の信念から頭を下げなかったという。これが〝不敬行為〟のすべてである。「教育勅語」は「日の丸・君が代」に置き換えられて、同様の出来ごとがいま都立学校で大規模に繰り返されている。

さらに、一七世紀初頭。江戸幕府は、キリシタン禁制の手段として「踏み絵」を実行した。果敢に踏むことを拒否した者には仮借ない弾圧が加えられた。心ならずも、踏んだ者は良心の呵責に苛まれたことであろう。四〇〇年前の悪夢が、いま学校現場で再現されている。

現行憲法は、個人の尊厳を根源的な価値とする。その価値の擁護のために国家があり、法制度があり、諸機関の設置がある。国家のために個人があるのではない。「一旦《いったん》緩急あれば義勇公《こう》に奉じ以て天壌無窮の皇運を扶翼すべし」（教育勅語）、「死は鴻毛《こうもう》よりも軽しと覺悟せよ」（軍人勅諭）という思想を根底から拒絶する。

基本的人権という概念の設定は、国家の強権から人間の尊厳を守る技術である。国家意思によっても、いかなる民主的手続きによっても、多数決でも人権を奪うことはできない。「思想・良心の自由」（憲法19条）、「信仰の自由」（20条）、「表現の自由」（21条）は、その典型である。教育現場において、この自明の原理が厳しい攻撃を受けていることに、焦慮せざるをえない。

民主主義は、多元的な価値を認め合う柔かな社会である。ひとつの真理を想定して、これを権力で押しつけることを許さない。国家主義、天皇制の賛美という人間の内面に関わる特定の教義を、国は国民に強制してはならない。

「日の丸・君が代」は、絶対主義的天皇制とあまりにも深く結びつきすぎた。絶対主義的天皇制こそ、現行憲法が訣別を宣言した反価値の集積である。「日の丸・君が代」を、天皇主権、神権天皇制、軍国主義、植民地主義、排外主義、人権の制約……等々の象徴と考えて、これを拒否することには十分な根拠がある。

とりわけ、戦後の教育は、「教え子を再び戦場に送るな」というスローガンのもとに始められた。多くの教員が、平和教育の実践を自己の使命としてきた。「日の丸・君が代」は、忌まわしい侵略戦争の元凶の象徴である。その「日の丸・君が代」の強制は、教育者としての良心を蹂躙するものであり、特定イデオロギーの生徒への注入として、生徒の学習権を蹂躙するものでもある。

✣石原知事の強権的教育行政

東京都の教育行政を司っている教育委員会の構成は、あまりに偏頗《へんぱ》である。石原慎太郎知事の公教育私物化というほかはない。ここで、異常に力を入れているものが二つ。その一つがジェンダーフリーに対する攻撃であり、もう一つが「日の丸・君が代」の強制である。

首都の動向は、全国に波及するであろう。都知事自身が、「五年先、一〇年先になったら、首をすくめて見ている他県はみんな東京の真似をすることになるだろう。それが、東京から国を変えることになるのだと思う」と公言している。いま都の強権的教育行政に抵抗しなければ、彼の思惑どおりに、「東京から国を変える」ことになりかねない。

教育は明日の主権者をどのように育成するかという重大事である。当然に、国民的関心事であって、本来反憲法的な教育行政は国民の批判を受けねばならない。都民の批判によって石原慎太郎が落選し、教育委員会構成の中立性が回復されることが最も望ましい。ところが、事態は二〇〇三年四月に都民が三〇八万票をこの特異な人物に与えたところから始まっている。都民の責任は小さくなく、選挙は先のことである。

また、本来であれば、教職員組合が現場でたたかって、その力で押し返すことが望まれる。しかし、「逝いて還らぬ教え子よ／私の手は血まみれだ！／君をくびったその綱の／端を私はもっていた／しかも人の子の師の名において……」そう嘆いた教師、その思いを継いでたたかう教師集団はいま現場に影が薄い。組合が十分にたたかう意思と力量をもっているようには見えない。そうであれば、今日の事態にはならなかったろう。現場の心ある教員を保護者や市民運動が細々と守っているのが現状である。

✣「予防訴訟」の意図するもの

とすれば、訴訟でたたかうことの重要性がクローズアップされる。卒業式のプログラムに「日の丸・君が代」を入れることまでは、多数決原理でできることかも知れない。しかし、これを個々の教員や生徒に強制することは、基本的人権の侵害として許されない。司法的救済が可能でなければならない。

周知のとおり、都教委から出された二〇〇三年の「10・23通達」は「卒業式・入学式等において、『日の丸』に向かって起立し、『君が代』を斉唱しなければ処分する」というものである。この通達の後、教員たちの相談を受けた弁護士により、急きょ弁護団が結成された。

そして二〇〇四年一月三〇日、都立学校教職員二二八名が原告となって東京地方裁判所に提訴した。都教委を被告として、

①「国旗に向かって起立し国歌を斉唱する義務及び音楽教師が国歌を伴奏する義務がないことの確認」と

②「これらを拒否したことにより不利益処分をしてはならない」ことを求める「予防訴訟」である。併せて、被告東京都に対する慰謝料請求の国家賠償請求訴訟ともなっている。

この訴訟は、処分を待って事後にその取り消しを求めるのではなく、処分前に「日の丸・君が代」強制の違法を明確化しようとするものである。処分覚悟で不起立を貫く人も、心ならずも起立せざるを得ない者も、また迷える者も、ともに参加できる訴訟として工夫された。

また、音楽科の教員に課せられる、君が代伴奏職務命令の心理的負担は極めて大きい。これについても、事前にその義務のないことを確認しようというものである。

この訴訟は、すでに二度の口頭弁論を経て、五月二七日に第二次提訴者一一七人を加えている。現実に、不起立を貫く者も、不本意ながら起立を余儀なくされた者も双方を含んでいる。

✣不起立を貫いた教師たち

処分の恫喝によって「日の丸・君が代」を強制する「10・23通達」は仮借なく強行された。しかし、これに対する抵抗は予想以上に大きなものとなった。

二〇〇四年三月二七日、通達後の周年行事で国歌斉唱時に不起立だったとして一〇名が戒告処分となった。複数回の違反がなければ戒告にはならないだろうとの見方もある中で、この処分は明らかに卒業式での不起立者を押さえ込もうという見せしめ処分であった。にもかかわらず、約二〇〇名が処分を覚悟で卒業式での不起立を貫いた。これに対する都教委の処分は素早かった。入学式対策である。

こうして、周年行事での不起立処分者八名、卒業式での不起立処分者一四一名がすでに東京都人事委員会に処分の取り消しを求めて審査請求をしている。

さらに、六月一七日には、定年後の嘱託・嘱託予定者で雇い止めとなった九名の地位確認請求訴訟も提起された。

さらに弁護団が重視しているのは、生徒の不起立を理由とする教員への「厳重注意」「注意」「指導」などの処分である。「日の丸・君が代」強制に生徒が反発して、一斉不起立となる例は多数に上る。都教委には、これは教員の扇動の結果と映る。これが懲戒理由となる、あるいは「指導力不足」として「厳重注意」などの対象となる。五月二五日には、八都立校の五七人が「厳重注意」などの処分を受けている。

都教委の欠陥辞書には、憲法も、教育基本法も、人権も、アカデミックフリーダムも、生徒の自主性尊重もない。もちろん、国民の教育権という観念もない。ただただ、一途に「日の丸・君が代」を強制することしか頭にない。そのために「国旗・国歌尊重は当然の教育」「職務命令に従わなければ処分」「内心の自由はあっても、外部に表れる行為が公務員としての制約を受けて当然」と繰り返すのみである。

彼らの本当のねらいは、「物言わぬ教員」をつくることにある。「物言わぬ教員」を通じて「物言わぬ国民」をつくること。権力に従順で御しやすい国民づくりが目論まれている。学校現場から、批判の勢力を駆逐し、「右向け右」の号令で一斉に右を向く国民をつくること。その被害者は、いまの生徒たちであり、次代の国民である。

いま抵抗しなければ、本当に歴史が逆転させられる。旧憲法下へ。踏絵の時代へ。

「日の丸・君が代」戒厳令がねらうものは何か

◉東京大学大学院総合文化研究科教授
小森　陽一

✣自衛隊のイラク派兵と連動して行われた「日の丸・君が代」

「『日の丸・君が代』戒厳令」とは、雑誌『世界』二〇〇四年四月号の特集の題名です。東京都教育委員会の二〇〇三年一〇月二三日通達（以下、「10・23通達」）に基づき、都立学校に対して、卒業式・入学式等で、国旗に正対して国歌を斉唱することを、「服務上の責任」として校長が教師に職務命令によって強制したことをめぐる一連の事態を指した表現です。「戒厳令」という言葉を選んだ『世界』編集部の見識を、私は高く評価しています。この言葉は決して大げさでも、誇張でもありません。石原慎太郎都知事が支配する、東京都という自治体で、どのような状況が進行しているかを的確にとらえていると確信します。

「戒厳令」とは、戦時あるいは事変（かつて大日本帝国が、「戦争」であることを隠すために用いた用語）に際して、立法、行政、司法の権限の全てあるいは一部を軍の機関に委ね、広範な人権の制限がなされることです。東京都教育委員会による、「日の丸・君が代」の強制は、憲法第九条に明確に違反する、小泉純一郎政権による自衛隊のイラク派兵と連動して行われました。自衛隊が「軍隊」であると主張し、憲法第九条を最も強く敵視しつづけた政治家の代表格が石原慎太郎です。九月一日の防災の日に、東京中で自衛隊を動かしたのも石原慎太郎都政でした。

自衛隊がイラクに派兵される際に打ち振られたのが「日の丸」という旗でした。そして「君が代」も演奏されたのです。もちろん、「日の丸」という旗は、大日本帝国の侵略の象徴として機能しつづけました。その大日本帝国の陸海二軍の「統帥権」を持つ、大元帥天皇を言祝《ことほ》ぐ歌が「君が代」だったことを、私たちはあらためて思い出しておく必要があります。

✣日本国憲法の「国民主権」と「戦争放棄」の意味

日本国憲法前文は、次のように宣言しています。

「日本国民は、正当に選挙された国会における代表者を通じて行動し、われらとわれらの子孫のために、諸国民との協和による成果と、わが国全土にわたつて自由のもたらす恵沢を確保し、政府の行為によつて再び戦争の惨禍が起ることのないやうにすることを決意し、ここに主権が国民に存することを宣言し、この憲法を確定する」（傍点引用者）

「主権が国民に存する」という「国民主権」の立場と、「政府の行為によつて再び戦争の惨禍が起ることのないやうにする」という憲法第九条の「戦争放棄」の立場は、不可分に結びついています。私自身としては、こうした日本国憲法に則して考えれば、「日の丸」という旗も、「君が代」という歌も、「戦争放棄」と「国民主権」に反していると考えています。

私たちは、あらためて「国民主権」と「戦争放棄」がどのような論理で結びついているかを、小泉政権という「政府の行為によって」もたらされた、自衛隊のイラク派兵という「戦争の惨禍」の中でとらえなおしてみる必要があります。

日本国憲法は、「主権者」である一人ひとりの国民が、国家権力に勝手なことをさせないために、縛りをかける最高法規です。納税の義務を規定した第三〇条を抜かして、第一条から第四〇条（四一条からは「国会」をはじめとした、国の機構の規定です）までの三九条は、国家権力がしてはならないことを規定しているのです。その中でも、最大の縛りは、

「国権の発動たる戦争」を「永久に放棄する」という第九条にほかなりません。

つまり、日本国憲法によって、それまで、国家の意思決定に委ねられていた平和と戦争の問題は、戦争による国民の人権侵害を永久に除去し、国民一人ひとりが平和的生存権を人権として行使できるようになったのです。

たとえばスペインでは、アメリカのイラク戦争に加担したアスナール政権に対し、国民は選挙を通じて、野党に投票し、平和的な政府を選ぶ、という間接的な関与しかできないわけです。けれども、日本国憲法では国民一人ひとりが、直接自らの平和的生存権を政府に対して行使できるのです。いま、全国で起きているイラクへの自衛隊派兵差し止めの訴訟は、こうした日本国憲法の「国民主権」と「戦争放棄」の立場に根ざした実践なのです。

✣都教委の強権発動の根拠となった「公共性」とは

この「国民主権」と国家との関係が、最もはっきりあらわれたのが、一九九九年に「国旗・国歌法」が制定された後の、二〇〇〇年の卒業式・入学式においてでした。このとき多くの学校で、「子どもには強制しない」とした国会での政府答弁を、現場で実現しようとする施策がとられました。すなわち「着席や退席の自由」「歌うこと、歌わないことの自由」が「保障」されていることを司会者がはっきりと言明したり、その主旨を明記した通知が配られたわけです。

この起立するか、起立しないか、歌うか歌わないかは個人の自由である、という言明は、日本国憲法第一三条「すべて国民は、個人として尊重される。生命、自由及び幸福追求に対する国民の権利」の全面的保障と、第一九条の「思想及び良心の自由は、これを侵してはならない」という思想・良心の自由の規定に基づくものでした。「君が代」斉唱について、子どもたちが一人ひとり自分で判断できることを明確にし、国旗・国歌、つまりは国家を象徴する記号と、個人である自分自身との関係を自分で選択できるということをはっきりさせたのです。

たとえ、国会で「日の丸」が国の旗、「君が代」が国の歌であると決められたとしても、主権者である個人としての国民は、それらに対してどのような態度を取ろうとも自由であり、何者によっても強制されない、というのが、憲法の「国民主権」の論理に基づいた、「日の丸・君が代」と卒業式・入学式の参加者との関係なのです。

卒業式、入学式における「日の丸・君が代」問題に、主権者である個人としての国民と国家との憲法で規定された関係が、実はきわめて明確にあらわれていたのです。憲法で保障された基本的人権、わけても思想・良心の自由は、どんなことがあっても国家によって侵害されてはならない、という根本問題が明示的に現れていたわけです。

国旗・国歌推進勢力、その先頭に立つ石原都知事と横山洋吉教育長によって支配された東京都教育委員会は、憲法で保障された、個人としての主権者と国家との関係を見えなくさせるために、徹底した強権発動で、「日の丸・君が代」強制を行っていったのです。

利用されたのは、都立学校の教師が、地方公務員であるということでした。第一二条や一三条の「公共の福祉」が弾圧の根拠として使われようとしました。つまり「教育公務員の職務の公共性、全体の奉仕者性」という論点です。

西原博史さんは、この点について明確に問題提起しています。

《教師の場合、職務の公共性を支えるのは――教育基本法が現在の姿で存在し、教育の目的が子どもの『人格の完成』であって、何らかの国家的利益などではないことが確認されている限り――究極的には子どもの利益である。誰かの思惑によって子どもが洗脳されることを防ぎ、自分自身で考えられる子どもを育てることこそが、民主主義下の教育において公共性の意味するところである」（「教師における『職場の公共性』とは何か」、前掲『世界』所収）。

子どもたちの思想・良心の自由を守るために、校長の命令に従うことが「公共性」だと、ねじまげた論理を強制してきた東京都教育委員会に対し、不起立によって抵抗した教師たちこそが、公務員としての義務を果たしていたのです。

❖国民すべてを戦時体制に組み込んでいく攻撃

「日の丸・君が代」戒厳令は、卒業式・入学式に限定されたことではありません。公立の学校という組織を、教育の場ではなく、国民を統治・管理する、国家意思を貫徹する場に変質させようとしているのです。そして上意下達、上命下服の軍隊と同じ、「人格」を破壊し、国策人材を作る組織に仕立てあげようとするところに最終的ねらいがあります。

教育基本法を改悪するための、超党派の議員連盟「教育基本法改正促進委員会」の設立総会で、民主党の西村真悟衆院議員は、「お国のために命を投げ出すことをいとわない機構、つまり国民の軍隊が明確に意識されなければならない。この中で国民教育が復活していく」(『朝日新聞』04年2月26日付)とあいさつしました。「軍隊」の一員として、国家のための人殺しを正当化する洗脳を、子どもたちにかけるために、公立学校を軍事組織化することこそが、「日の丸・君が代」戒厳令のねらいです。

しかもその「軍隊」は、日米安全保障条約体制という、アメリカとの二国間軍事同盟の中で、アメリカの無法な戦争に加担するための「軍隊」です。

敗戦後、天野貞祐文部大臣が、国民の祝祭日等で、「日の丸・君が代」を実施すべきだという「天野談話」を発表したのは、朝鮮戦争の中で日本の再軍備が始まった一九五〇年一〇月でした。「学習指導要領」に「日の丸・君が代」が入れられたのは、日米安保改定の政治日程が決まりつつあった、一九五八年です。そして、日米安保体制が、軍事同盟として強化されるごとに、「日の丸・君が代」の強制が徹底されていったのです。

「日の丸・君が代」戒厳令は、東京都立学校の教職員だけにむけられた攻撃ではありません。この列島に生きるすべての人々を、戦時体制に組み込んでいくための攻撃なのです。第九条を中心とする憲法と教育基本法の改悪を阻止し、あらためて平和と民主主義を選び直そうとしている多くの人々の連帯によってこの攻撃を一気に押し返していきましょう。

1998　5月、教育課程審議会の答申、「日の丸・君が代」について「指導の徹底を図る」と明記。（ただし学習指導要領［04年から施行］では従来通り「指導するものとする」と表記。）

1999　2月、小渕恵三首相、参院予算委員会で「国旗、国歌の法制化は考えていない」と言明。

2. 28、広島県立世羅高校の石川校長、県教委の「職務命令」と職員会議の合意との間で追いつめられ自殺。

4. 11、東京都知事選で石原慎太郎氏当選。

6月、小渕内閣、「国旗・国歌法案」の国会提出を決定、8. 9、成立、8. 13、公布・施行。（この年、5月、周辺事態法成立、7月、衆参両院に憲法調査会を常設する国会法改正成立、8月、改正住民基本台帳法成立。

2003　10. 23、東京都教委、公立学校での卒業式・入学式等での「日の丸・君が代」完全実施の通達を出す。

2004　1. 30、「日の丸・君が代の義務化は違憲」と都立高教員ら228人が提訴（予防訴訟）。

2. 17、都教委が、周年行事で君が代斉唱時に不起立の教員10人に対し「職務命令違反」「信用失墜行為」を理由に戒告処分。

2. 24、都教委、「再任用職員等の任用について」の通知。定年後の再任用や嘱託延長が決まっていても「不起立」なら取り消すなどの通告。

3. 11、都立板橋高校で卒業式、大半の卒業生が着席。

3. 31、都教委、卒業式で「不起立」などを理由に教職員176人を戒告処分（うち8名は嘱託取り消し＝解雇）。

4. 6、小・中学校、障害児学校の卒業式での「不起立」教職員20人に対し戒告など処分、初の10分の1減給も。

5. 21、警視庁板橋署が「威力業務妨害」として、板橋高校の卒業式で『サンデー毎日』記事のコピーを配付した元教員宅を家宅捜索。

5. 25、都教委、入学式等での「不起立」の教員40人を処分。あわせて「生徒に不起立を促すなど不適切な指導」を理由に、教職員、校長ら67人に「厳重注意」「注意」「指導」。

5. 27、東京地裁へ予防訴訟第2次提訴、原告117人。原告数は合計345人となる。

「日の丸・君が代」関連略年表

〈作成：高文研編集部〉

1945	8.15、日本敗戦により第2次世界大戦終結。
1946	11.3、日本国憲法公布（47年5.3施行）。
1947	3.31、教育基本法公布・施行。
1948	6.19、衆・参両院、各自に教育勅語の「排除」「失効確認」の決議を採択。
1950	10月、天野貞祐文部大臣、祝日の行事では「国旗を掲揚し、国家を斉唱することが望ましい」と発言。
1958	学習指導要領を改定、新たに入学式・卒業式では「日の丸・君が代」の掲揚・斉唱が望ましいとの文言が入る。
1966	10月、中教審答申「期待される人間像」発表。
1967	2.11、第二次大戦前の祝日「紀元節」、「建国記念の日」として復活。
1979	6.12、「元号法」公布。
1985	9月、高石邦男・文部省初等中等教育局長名で全国の都道府県教育長にあて、入学式・卒業式での「日の丸・君が代」の掲揚・斉唱実施の徹底を通知、あわせて各都道府県ごとの実施率を発表（全国の公立高校の平均実施率は、日の丸＝82％、君が代＝53％、沖縄は「日の丸・君が代」は共にゼロ）。
1986	3月、沖縄県立高校の卒業式で対立・混乱があいつぐ。県教委、校長15名を含む処分を断行、続く4月の入学式では日の丸掲揚率は95％に。
1987	10.26、沖縄国体（海邦国体）の読谷村・少年男子ソフトボール会場で、知花昌一氏、日の丸を焼き捨てる。(93年3月、那覇地裁判決は、「日の丸を国旗とする法律は存在せず、その掲揚は国民各自の自由意志に委ねられる」としながらも、懲役1年・執行猶予3年を宣告。)
1989	学習指導要領改定。入学式・卒業式での「日の丸・君が代」の掲揚・斉唱を「指導するものとする」と義務づける。
1990	東京・多摩地区の6つの市議会、入学式での日の丸・君が代の強制に反対する意見書を採択。
1995	9月、日教組大会、これまでの方針を転換し、「日の丸・君が代」について文部省との協調路線を打ち出す。

◆周年行事、卒業式、入学式での処分者数

年月日	対象行事	校　種	戒告	減給	再雇用取消
04. 2. 1 7	周年行事	都立高校	8		
		養護学校等	2		
04. 3. 31（第一次分）	卒業式	都立高校	167		5＋（3）＊
		養護学校	4		
04. 4. 6（第二次分）	卒業式	小学校	7		
		中学校	3		
		養護学校等	9	1	
04. 5. 25（第三次分）	卒業式	都立高校	2		
	入学式	都立高校	32	1	
		小学校	3		
		中学校	1		
		養護学校等	1	2	
小　　計			239	4	5＋（3）＊
合　　計				2 4 8（3）	

＊退職予定者で再雇用選考に合格していた３人は戒告とともに再雇用の内定取消しの処分となった。

◆不適切な指導等の措置

年月日	対象行事	校　種	厳重注意	注　意	指　導	合 計
04. 5. 25	卒業式	都立高校	6	14	39	59
	入学式	都立高校		3	4	7
		養護学校		1		1

（都教委発表資料をもとに作成）

あとがき

二〇〇四年六月一二日、東京・中野で開催された「学校に自由の風を！ 6・12集会」は、一三〇〇人の参加者で会場が溢れました。土曜日の夜というのに、午後六時の開場前に一階から二階の会場入り口まで人びとの長い行列ができたのです。

集会では、養護学校の保護者、都立の大学を考える都民の会、定時制を守る生徒の会の発言につづき、不起立で処分された嘱託員、ピアノ伴奏を強いられ苦しんだ音楽教員などの訴えがつづきました。なかでも、「誰かに言われて起立しなかったのではありません。自分たちで考え判断したのです。でもそのことで先生たちが処分されるのはおかしいと思います」と語った一都立高校卒業生の言葉に大きな拍手が起きました。

実はこの集会の会場は、私にとって特別な感慨を覚える場所でもありました。半年前の一二月、この会場で私の前任校の周年行事の記念式典が開催されたからです。「10・23通達」は、卒業式を待たずに周年行事を直撃し、職場はその対応に戸惑い、苦しみました。どうすることもできない絶望感に何度もとらわれ、それでも私たちの思いはひとつでした。

「理不尽な強制は許せない」という思いをみなで共有したものです。

生徒会もこの問題について考えました。彼ら生徒会執行部は、「日本には憲法第19条『思想・良心の自由』、第21条『表現の自由』が保障されていて、歌う、歌わないはあなた自身で決めることができます」という見解を発表しました。

生徒会主催の討論会も実施しました。「なぜ国旗掲揚、国歌斉唱なのか」という問題について、それに肯定的な生徒も、批判的な生徒も、相手の発言に真剣に耳を傾け、自分の考えを堂々と発言しました。この生徒たちの白熱した討論に、私たちはどれだけ励まされたことでしょう。


私たちはいま、歴史的な出来事の渦中にいることを実感しています。時々刻々、まるで歴史を刻む音が聞こえてくるようです。学校が学校であるために失ってはならないものが、音をたてて崩れていく、そのような思いです。

東京の「日の丸・君が代」強制は、また新たな段階に入りました。

五月二五日、都教委は「君が代」斉唱時に「生徒に不起立を促す発言をするなど不適切な指導等が行われた」との理由で、教職員、校長ら六七人を「厳重注意」「注意」「指導」とすることを決定しました。私も生徒会の討論会などにかかわって「不適切な言動等」があったとして「厳重注意」となりました。いよいよ生徒の「内心の自由」や行動までをターゲットとしてきたのです。生徒の行動の「結果責任」を教職員に負わせることによって、生徒に対しては、先生の『処分』を思うと拒否したくても拒否できなくさせ、一方、教職員に対しては、自身が「指導不足」で「処分」されないために生徒に起立を求めるということになりかねないのです。

そして六月八日の都議会では、さらに深刻な事態となりました。横山教育長は、「学習指導要領や通達に基づいて、児童・生徒を指導することを盛り込んだ職務命令を出し、厳正に対処すべきと考える」と表明したのです。「職務命令」で生徒を起立・斉唱させる「指導」を、教職員に「強制する」という新たな教育内容への踏み込みを行なったのです。

二〇〇三～〇四年にかけての東京の「日の丸・君が代」強制は戦後教育に類を見ない〝暴挙〟であろうと思います。そのときに、この問題にどう向き合ったのか、それを記憶と記録に刻むことの意味は大きいと考えました。

今回、不起立等で解雇・減給・戒告処分を受けた者二四八名、生徒の不起立等で「厳重注意」「注意」「指導」を受けた者六七名。しかし処分を受けた者も、受けなかった者も、抱いている思い・危機感はみな同じだと思います。その多くの人たちの思いを代弁する意味で、今回、保護者、弁護士、研究者にも加わっていただき一八人の方たちに、ここに収める手記を綴っていただきました。

どの記録も胸を打つものばかりです。いま東京の学校で起こっていることを都民はもとより他府県の方々にも広く知っていただきたい、そのためにもこの記録が多くの方々の手に届き、読まれていくことを願ってやみません。

最後に、緊急出版の願いを引き受けてくださった高文研に心からお礼を申し上げます。

二〇〇四年六月一五日

編集委員会を代表して

河合　美喜夫

「日の丸・君が代」処分編集委員

河合 美喜夫（東京都立高校教員）
小森 陽一（東京大学大学院総合文化研究科教授）
澤藤 統一郎（弁護士・日本民主法律家協会事務局長、
「日の丸・君が代」強制反対予防訴訟弁護団副団長）
宮村 博（東京都立高校教員）

「日の丸・君が代」処分
●二〇〇四年七月一〇日――第一刷発行
編 者／「日の丸・君が代」処分編集委員会
発行所／株式会社 高文研
東京都千代田区猿楽町二―一―八
三恵ビル（〒一〇一＝〇〇六四）
電話 03＝3295＝3415
振替 00160＝6＝18956
http://www.koubunken.co.jp
組版／WebD（ウェブ・ディー）
印刷・製本／株式会社シナノ
★万一、乱丁・落丁があったときは、送料当方負担でお取りかえいたします。
ISBN4-87498-327-8 C0037